私たちと発達保障

実践、生活、学びのために

丸山啓史

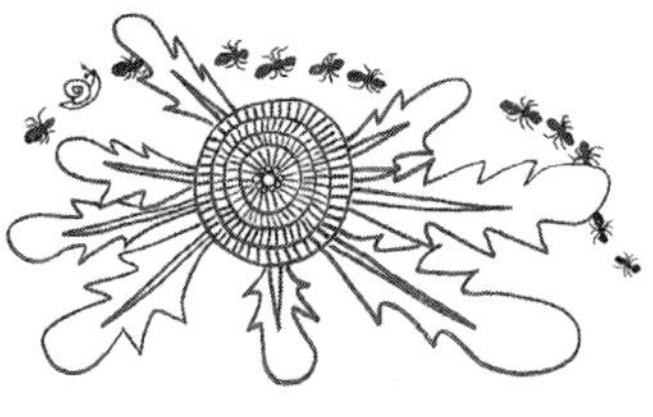

全障研出版部

はじめに

２０１２年に刊行された『発達保障ってなに？』（全障研出版部）というブックレットのなかで、僕は「発達保障とはどういうことか？」という章を担当しました。読んでくださった方は気づかれたかもしれませんが、章題に反して、「発達保障とはこういうことです」という明快な記述はできていません。けれども、はぐらかしたわけではないのです。言い訳のようですが、「発達保障」というのは、もともと輪郭のはっきりしないものなのだと思います。

全障研の全国委員長だった茂木俊彦さんが『社会福祉辞典』（大月書店、２００２年）で執筆している「発達保障」の項目をみると、「人間的発達を権利として保障することにかかわる用語」（傍点筆者）と説明されています。「発達保障」について、すっきりした定義は示されていません。「発達保障」という言葉は、「発達を保障する」という行為・実践を指しているのか、「発達を保障しよう」という理念・思想を指しているのか、そのあたりからして曖昧な場合があるような気がします。

それでは、「発達保障」の定義がぼんやりしているのが問題かというと、そうではないと思います。先述の『発達保障ってなに？』のなかで、河合隆平さんは、「発達保障について明確な定義を与えることとは、あまり意味がありません」と述べています。「私たち一人ひとりが『発達保障』という枠組みを通して現実を見たり、想像力を働かせることで、埋もれている事実や取り組むべき課題が掘り起こされてくるというのが、発達保障の最も重要な役割」であると言うのです。僕も同じように考えます。「発達保障」の曖昧さは、問題というよりも魅力なのだと思います。

＊

もっとも、「発達保障」の輪郭が曖昧だとしても、それぞれが好き勝手に「発達保障」を考えればよいというものではありません。「発達保障」には〝核〟になるものがあると思いますし、〝核〟は大事にされなければなりません。

僕は、「発達保障」の〝核〟になるのは考え方だと思っています。どういう視点で障害のある人や子どもを理解し、何をめざして実践に取り組み、どのように社会と関わるのか、といったことです。「こうすればよい」「ああすればよい」という具体的なことというよりは、基本的な考え方が〝核〟なのだと思います。

そういう意味では、「発達保障」について学び、考えたからといって、私たちの生活や実践がいきなり劇的に変わる保証はありません。わかりやすい成果をすぐに求められがちな近年の風潮のなかでは、頼りない話かもしれません。けれども、目の前の課題に迫られることの多いときであればこそ、常に基本に立ち返って考えようとする姿勢が大切なのだと思います。「どうすればよいのか」といったことから少し距離をおいて、「そもそも何をめざすのか」「どう考えればよいのか」といったことを振り返るときがあってよいと思います。「発達保障」の〝核〟を共有することには、大きな意味があるはずです。

*

この本は「発達保障」を主題とするものであり、なるべく「発達保障」の〝核〟を表現したいと思って書きました。ただし、あくまで僕なりの視点で書いています。この本に書かれていることは、「発達保障」の全体像ではありませんし、「発達保障」についての正統派の考え方とも限りません。

私たちが自分の生活や実践に照らして「発達保障」を考えることで、「発達保障」という考え方そのものも発達し、「発達保障」が充実していくのだと思います。この本がそうした営みに役立つことを願っています。

目次

はじめに　3

序章　若い教師の成長　12

苦しい一年目／先輩教師の言葉から／発達／発達は幅広い／遊び・ゆとり／みんな発達する／発達が保障される社会

第Ⅰ部「発達」を考える　21

第1章　気持ちの育ち　22

ボールをゆずる／考えて悩む／子どもの気持ちに目を向ける／能力やスキルが重視される傾向も／右肩上がりを疑う／ヨコへの発達

第2章　自信のふくらみ　30
伝えることが難しい／なぜ難しいのか／だんだん意思表示が円滑になる／自信につながる／できることで自信がふくらむ／自信だけをもつのは難しい／「できる・わかる」のあり方
【コラム1】　ほめられた経験

第3章　安心できる関係　40
関わりを求める子どもたち／宿題を理由にして／「障害児の役をやりたい」／安心できる関係を／ためす…／ほめる…／愛すること

第4章　仲間のいる場所　48
新しい「学びの場」／仲間の存在／仲間関係と発達／仲間が支えになる／青年期と仲間関係／仲間関係を育むもの
【コラム2】　集団はすばらしい？

第5章　魅力のある経験　58
雌鹿との出会い／サンダルを追いかけてくれた先生／夜食のインスタントラーメン／いきいき、わくわく…／成果追求主義を抜け出す／ゆっくり、ゆったり…

第6章　土台になる生活　68
形成と教育／発達と生活／発達の土台をつくる／生活への着目／豊かな生活を可能にする社会
【コラム3】　自然な生活

第Ⅱ部　発達を支える学び　79

第7章　話す　80
九条のみの会／みんなで話す場／一人ひとりの現実から／いろいろな人が集まること／安心できる場／仲間とのつながり

第8章　書く　88
実践を書く文化／実践づくりと実践記録／記録すること／意識すること／思考すること／書くことも仕事のうち／書くための工夫
【コラム4】　言葉と意識

第9章　**疑う**　98
宿題は必要？／〝当たり前〟を疑う／〝大きな流れ〟を疑う／流行語に気をつける／〝自分たち〟を疑う／実感を大切にする
【コラム5】　レンタルおむつ

第Ⅲ部　社会の発達をめざして　109

第10章　**権利**　110
キューバがめざしたもの／弱気な主張／本筋をぼやかさないこと／人権否定の改憲論／権利を高く掲げよう

第11章　**理想**　118
理想の生活は？／モリスの描いた理想社会／めざすところの大切さ／4時間労働の社会／僕は本気です
【コラム6】　母親の就業

第12章　**未来**　128
経済成長と発達保障／労働・生産・消費／日常の問い直し／懐かしい未来／脱成長の道／発達が保障される社会へ
【コラム7】「みんな」とは誰か？

おわりに　138

表紙デザイン・イラスト　**近藤未希子**

序　章　若い教師の成長

この本のテーマは「発達保障」です。発達保障とは、文字通りに理解すれば、「発達を保障すること」です。それほど難しい言葉ではありません。

少し難しいのは、それでは「発達」とは何か、という問題です。発達保障を考えるとき、それは何をめざすことなのか、発達のイメージを豊かにもつことが重要だと思います。

みなさんは、自分自身について「発達したな～」と思うことがあるでしょうか？「発達したな～」と意識することはなくても、「成長したな～」と感じるときはあるのではないでしょうか？　それはどういうときでしょうか？

ここでは、若い教師の成長の姿から、発達保障についての話を始めたいと思います。

◉苦しい一年目◉

以前、勤めている大学で広報誌を担当する委員会に入っていました。大学広報誌には「卒業生の声」という欄があり、数年前に特別支援学校の先生になった花村さんに、原稿をお願いしました。掲載された文章のなかで、彼女は、教師になって一年目の様子を次のように書いています。

障がい特性や家庭環境など、様々なことを抱える子どもたち…。なんで、この子は…マイナスばかりみていた日々。毎日体当たりすることだけで精一杯…。精一杯体当たりすればするほど、子どもにはつたわらなかった。仕事に追われ、休日も頭の中で子どもたちのことで悩み、休日も休んでいる気がしなかった。

花村さんは、「自分が思い描いていた教育活動と現場は違った」と書いています。花村さんにとって、教師生活一年目は楽しいばかりのものではなかったようです。「子どもと向き合う私は、いつもギリギリのせっぱ詰まった、不安な表情だったことだろう」と振り返っています。

◉先輩教師の言葉から◉

そんななか、ある先輩教師に言われたそうです――「この仕事を続けていくには、自分がまずゆったりした気持ちをもたないと」。その先生は、「仕事が終われば好きなことをして、気晴らしをしたらいいよ」とも言ってくれたようです。「この言葉で私は救われた」と、花村さんは書いています。「今は、趣味を見つけ、休日を謳歌している」といいます。

教師にゆとりが生まれれば、子どもたちへの関わり方も変わる――そう花村さんは続けます。「私はこれが好きだけど、この子は何が好きなんだろう」「この子の好きなことが、自信につながればいいなあ」、花村さんはそんなふうに考えるようになりました。そして、クラスが変わった様子を、花村さんは文章に記しています。

現在、笑いがたえないクラス、失敗しても大丈夫だよと思えるクラス、すべてを包み込むような温かいクラスになってきているような気がする。

もちろん、今だって悩むときや落ち込むときはあるでしょう。けれども、たしかに、花村さんは一つ成長した。その手応えを、花村さん自身が感じとっているのではないかと思います。

◉ 発達は幅広い ◉

それでは、花村さんの何が変わったのでしょう。いわゆる能力が急に伸びたわけではありません。理科や数学の学力テストをすれば、（本人には失礼ながら）たぶん大学に入学したときよりも悪い成績が出るでしょう。教師として積んだ経験は重要だったはずですが、教師としての知識・技能が大きく向上した、ということとも違うように思います。言葉で表現するとすれば、自分の生活や教師の仕事についての「かまえ」が変わった、というようなことになるでしょうか。そんな部分が大きい気がします。

ことさら能力が高まったわけではなくても、ものごとに対する「かまえ」が変わる、まわりの人や自分自身に対する「かまえ」が変わる。私たちは、多かれ

少なかれ、そういう成長の経験をもっているのではないでしょうか（それなのに、子どもや障害のある人にはスキルの獲得ばかりを迫ることがあるとすれば、それは何だか奇妙なことのように思います）。

私たちが発達保障を語るときには、能力の向上やスキルの獲得だけを追い求めているわけではありません。人間の発達というのは、もっと幅の広い、もっと豊かなものです。この本では、広い視野でみた発達について考えていきたいと思っています。

◉遊び・ゆとり◉

考えたいことの二つ目は、「遊び」「ゆとり」に関係することです。

花村さんに書いてもらった「卒業生の声」の題名は、「学び、よくよく遊べ」でした。「学び」が入っていますが、これは大学広報誌への義理立てでしょう。本心は「よくよく遊べ」にあると思っています。花村さんは、文章の最後で、大学の後輩に次のようなメッセージを送っています。

大学生活、楽しめるものをたくさん見つけてください。楽しめる仲間を見つけてください。自分の楽しいと思えるものや好きなものは、自分の強みです。

自分の経験から導きだされた大切なことは、「よくよく遊べ」だったわけです。「大学は遊ぶところじゃない」という方もおられるかもしれません。「遊んでいる余裕などない」という厳しい大学生活の現実も少なくありません。ただ、大学時代が自由でないとしたら、今の若い人たちにとって、「遊び」かどうかはともかく、自分のやりたいことを思いきりできる時間はどこにあるんだろう、と僕は思います。

障害の有無に関係なく、やりたいことを思いきりする時間や経験が大事だと思うのです。目標に向かって一直線に進むことだけでなく、遠回りすること、立ち止まること、道のりや風景を楽しむことが認められてよいはずです。そういう意味での「遊び」「ゆとり」の必要性を感じています。

発達保障という考え方でさえ、「遊び」「ゆとり」という発想がないと、窮屈なものになりかねません。発達保障というのは、眉間にしわを寄せて「発達！　発達！」とうるさく言うことではないと思っています。もちろん、発達をめざさなくてよいということではありません。発達にもつながっていくような、生活・人生の豊かさのようなものが、発達保障には不可欠なのだと思います。

◉みんな発達する◉

三つ目は、私たち自身の発達です。私たちが成長・発達していくときに大切になる、学びのあり方についても考えていきたいと思います。

障害のある人の話ではなく、大学の卒業生の話から始めたのには理由があります。みんな発達するという、当たり前のことを確かめておきたかったからです。障害のある人もない人も、子どもも大人も、みんな発達する、ということです。

発達保障の考え方は、障害のある子どもの豊かな発達を願うなかで生まれてきました。けれども、障害のある子どもだけが発達するわけではなく、発達保障の観点が障害のある子どもにとってだけ大切なわけでもありません。私たちの誰もが、発達していく存在です。そのことの確認が、今、大事なことのように思います。

発達が保障されにくい現状にあるのは、障害のある人だけではないからです。学校・施設で働く人や、障害のある人と暮らす家族なども、それぞれに生きにくさを抱えがちです。それでも、「この子のためなら」「この人のためなら」と、我慢をしたり、無理をしてがんばったりしている人が多いかもしれません。

本当は、まわりの人もいきいきと自分の生活・人生を送り、自分の可能性を開花させられるようであってほしい。そのほうが、子どもたちや障害のある人たちにとっても良いはずです。花村さんは、自分の生活を充実させながら、温かいクラスをつくっていきました。同じようなことが、いろいろな場面であり得るのではないでしょうか。

◉発達が保障される社会◉

四つ目は、人間の発達と社会との関係です。

花村さんの場合、休日を楽しみ、気持ちにゆとりが生まれることで、教師としてのあり方も変わっていったようです。一方で、休みをとることも難しく、ゆとりのある生活をしにくいのが、日本社会に広がっている現実でもあります。

学校の先生になって大学を出た卒業生と夏休み前などに会うと、ひどくやせていて驚くことがあります。しばらくすると適度にリバウンドしていて、少し安心したりもするのですが、最近の学校の過酷な側面を感じさせられます。

毎年、卒業式の日には、大学を離れる卒業生たちに短い話をする場面があるのですが、僕はあまり「がんばってください」とは言いません。言われなくても一生懸命やる人たちだからでもありますが、「無理しないでね」と伝えたい気持ちになるのです。「まあ、ぼちぼち…」というのが、卒業の門出に贈る言葉としてふさわしいのかはわかりません。ただ、僕をそんな気持ちにさせる社会の現状があると感じています。

そういう社会を変えていくことも、発達保障の実践の一環だと思っています。社会との向き合い方も、この本で考えたいことの一つです。

第Ⅰ部

「発達」を考える

第1章　気持ちの育ち

障害のある人や子どもと接していて、うれしいと感じるのはどういうときでしょうか。誰かに伝えたくなるのは、子どもたちのどんな姿でしょうか。私たちが何を喜ぶのかということは、私たちがもっている発達のイメージと深い関係があるように思います。

◉ボールをゆずる◉

障害のある子どもの放課後活動に携わる指導員さんから、こんな話を聞かせてもらったことがあります。

活動のなかで、ボールを蹴り合うゲームをしていたそうです。その輪のなかに、いつも自分ばかりボールを蹴ってしまう女の子がいました。そのせいで、ほかの子どもたちはボールに触れることができなくなってしまいます。指導員さんが考えて、「○○くん、いくよ～」などと、ほかの子の名前を呼びながらボールを蹴っても、やっぱりその子が蹴ってしまうということがありました。

そんなあるとき、相手側から蹴られたボールに対して、また同じように、その子が向かっていったそうです。ところが、もう少しでボールを蹴るように思われたとき、その子は急に動きを止め、ボールを見送って、別の子にボールをゆずりました。ボールを受けた子は、うまくボールを蹴り返します。すると、ボールをゆずった彼女は、一言、「ナイス！」と声をかけたというのです。

指導員さんにとって、このエピソードはどうして印象に残るものだったのでしょうか。指導員さんは、何を喜んでいたのでしょうか。ボールを独りじめしないという〝ルール〟を理解できるようになったこと？　ボールを蹴りたいという自分の思いを抑えることができるようになったこと？　部分的には、そういう面もあるのかもしれません。けれども、それが中心ではないように、僕には思えました。ほかの子にもゆずってあげようという気持ちが芽生えたように思える。また、ほかの子がうまくボールを蹴ったことを喜ぶ気持ちがみられた。そのことが、指導員さんにはうれしかったのではないでしょうか。

◉考えて悩む◉

同じく放課後活動に取り組む、別の指導員さんは、小学部3年生の女の子のことを実践記録にまとめています[1)]。

ある日、その子は、みんなと公園に出かけたそうです。公園では、ブランコに乗ったり、指導員さんと砂場で〝お弁当〟や〝ご飯〟を作ったりして遊びました。プラスチックのお皿に枯葉を詰めて水を入れ、〝カレー〟を作ろうとしていたところ、引率の職員さんから「そろそろ帰るよ」と全体に声がかかります。

公園から帰ったらホットケーキ作りをする予定になっていました。指導員さんは、「もう少し遊ぶ？　帰ってホットケーキ作る？」と尋ねます。すると、その子は、「ホットケーキ」と答え、歩き出しました。

しかし、途中で突然、その子は座りこんで動かなくなります。そして、砂場道具が入ったバケットの中に枯葉を詰めこみ始めました。砂場での遊びの再現ではないかと思った指導員さんは、「まだ公園で遊びたかったの？　公園に戻ってもいいよ」と声をかけます。それを聞くと、その子は、「公園」と言って立ち上がり、公園に戻りだしました。

ところが、少し歩くと、また「ホットケーキ」と言って向きを変えます。そして、結局は、ホ

1）東あどか（2011）「“予定外”のボウリングに参加した由香里」障害のある子どもの放課後保障全国連絡会編『障害のある子どもの放課後活動ハンドブック』かもがわ出版

ットケーキ作りを選んだそうです。

その姿について、「とてもうれしかった」と指導員さんは書いています。「予定に縛られるのではなく、自分がこれからどうしたいのか、自分なりに考えて悩んでいる姿が見えたから」です。

◉子どもの気持ちに目を向ける◉

両方の指導員さんに共通しているのは、子どもの気持ちの動きをみてとって、そこに喜びを感じていることではないでしょうか。

考え方によっては、スケジュール通りに公園から帰ろうとしない子どもの姿は、うれしいどころか、困ったものにみえるかもしれません。「切り替えが難しい」「見通しが十分にもてていない」などと言われてしまう可能性もあります。けれども、指導員さんは、「妙に切り替えがいい」「予定に縛られている」という子どもの理解にたって、子どもの気持ちに

目を向けています。そのことで、違ったものがみえ、指導員さん自身の喜びにもつながっているのだと思います。

二人の指導員さんが喜んでいるのは、能力の向上やスキルの獲得ではありません。「順番を守れるようになる」とか「スケジュール通りに行動できるようになる」とかいうことではないのです。表面的に「○○ができるようになった」ということではなくて、ほかの子どものことを考える気持ちや、自分で考えて迷う柔軟さのような、気持ちの育ちを喜んでいるように思えます。

◉能力やスキルが重視される傾向も◉

一方で、障害のある子どもの教育・ケアに関わっては、気持ちの育ちのようなことよりも、能力の向上やスキルの獲得がとりわけ重視される場合があります。放課後や休日の活動でさえ、例外とはいえません。放課後活動施設を対象とするアンケート調査のまとめ[2]をみても、全体としては、「身辺自立など、日常生活に必要な力」「言葉やコミュニケーションの力」が重視される傾向が、以前に比べても強くなっています。また、2014年の終わり頃に厚生労働省のもとで開かれた、放課後等デイサービスのガイドライン策定についての検討会においては、当初、「学校教育の補完的支援（障害特性に応じた学習支援）」「将来の就労等の自立に向けた準備」「ソーシャルスキルの習得」などが、放課後活動の「基本的姿勢」に関わるものとして挙げられていました。

2）障害のある子どもの放課後保障全国連絡会（2014）『放課後等デイサービスの現在』

こうした傾向は、子どもの放課後・休日をめぐる動き全体にも、共通しているものです。たとえば、2014年6月には、国の中央教育審議会のもとで「放課後・土曜日の教育環境づくり」についての報告書が出されています。そこでは、「実社会で役立つ力」「学習意欲・学習習慣形成・学力向上」などが強調され、放課後や土曜日に「社会総掛かりでの教育」を進めていくことが提言されています。また、2014年7月に政府が発表した「放課後子ども総合プラン」についてみても、小学生の放課後に関して、「学習支援（宿題の指導、予習・復習、補充学習等）」が重要なものとして位置づけられており、「多様な体験プログラム」の例として「実験・工作教室」「英会話」などが挙げられています。つまり、放課後や休日は、能力をつけるための教育・学習の時間に変えられようとしているのです。

◉右肩上がりを疑う◉

これは根の深い問題です。能力の向上やスキルの獲得ばかりを重視する風潮、何かをするからには能力を伸ばさなければならないという感覚は、私たちの生活のいろいろなところに浸透しています。

たとえば、大型店のおもちゃ売り場に行ってみましょう。たくさんの「知育玩具」が並べられています。小麦粉ねんど一つみても、子どもの成長にいかに役立つのか、「数や色の学習ができる」「集中力・想像力を育てる」「指先教育」「右脳と左脳を刺激する」など、さまざまな売り文句がパッケージに書かれたものが少なくありません。ねんど遊びでさえ、何かの効能がなければいけないかのようです。「ねんど、楽しいよね。ペンギン、作りたいね」というのでは、だめなのでしょうか。

繰り返しますが、これは本当に根の深い問題だと思います。問題の深層には、右肩上がりの成長をやみくもに追い求める社会のあり方が横たわっている気がしてなりません。国内総生産（GDP）なり、学力テストの得点なりに注目して、それを上向けていくことに躍起になる社会のあり方です。経済の成長にせよ、人間の成長にせよ、特定の何かが右肩上がりになることばかりに価値を置くような感覚そのものについて、問い直しが迫られているように思います。

◉ヨコへの発達◉

発達保障の考え方は、能力の向上だけに注目するのではなく、もっと広い視野で人間の発達をとらえます。そのことを表す言葉の一つが、「ヨコへの発達」です。能力の高度化という「タテへの発達」に対して、能力を発揮できる幅が広がることについて「ヨコへの発達」ということがいわれてきました。

ここでは、「ヨコへの発達」という概念について、詳しく考えることはしません。何がタテで何がヨコなのか、実際には曖昧なところもあるように感じますが、それも気にしないことにします。そうしたことは、それほど重要ではないと思っています。

重要なのは、能力の向上という側面だけで発達を考えないということです。スキルの獲得の寄せ集めを人間の発達とみなすこともできません。序章でも述べたように、人間の発達というのは、もっと豊かで、もっと幅広いものだと思います。そして、気持ちの育ちも、人間の発達の大切な側面だといえるでしょう。

誰かのことを気遣う優しさが生まれること、多少のことでは仲間を責めないおおらかさが育つこと、いざというときには黙っていない正義感が強まること、ときどきは気を抜いて怠ける〝いい加減さ〟が身につくこと…。そんなことも、大事にしたいと思うのです。

第2章　自信のふくらみ

あるグループホームの話です。入居者のなかに、今泉さんという、30代前半の男性がいました。今泉さんは、足や左腕などが不自由でしたが、右腕で車イスを器用に操作してフロアを行き来します。まひのために発音が明瞭ではなく、言葉が伝わりにくいこともありましたが、携帯電話のメール機能を使って文字を表示したり、太ももに指で文字を書いたりして伝えることがありました。

グループホームで過ごす夜は、自室か談話コーナーでテレビを見ることが多く、お気に入りのテレビ番組がいくつかありました。また、オセロが得意で、ときどき他の入居者や職員を相手に楽しんでいました。

◉伝えることが難しい◉

そんな今泉さんには、グループホームの生活のなかで、苦手なことがありました。自分のことや自分の意思を伝える場面で、とまどってしまうことがよくあったのです。

たとえば、トイレでは介助が必要だったのですが、トイレに行きたいということを職員に伝えるのが苦手でした。言葉がうまく出ない他の入居者がトイレに行きたがっているときには、携帯電話なども使って職員に知らせることがあります。それなのに、自分が行きたいときにはもじもじするばかりということがあるのです。また、前の日のプロ野球の試合結果をきかれると詳しく解説をする一方で、自分が昨日したことを尋ねられるとうまく答えられないということがありました。

選んで決めて返事をすることも苦手で、飲み物は水がよいかお茶がよいか、といった質問に答えることにも難しさがありました。就寝時に、掛け布団だけでよいか毛布もかけるかをきかれると、途端に困ってしまって、苦笑いしながら顔を背けるということもしばしばでした。

さて、みなさんがグループホームの職員だとしたら、今泉さんについて、どのようなことを考えるでしょうか。（ここに書いたことだけではわからないと思うのですが）どのような接し方が求められそうでしょうか。

◉なぜ難しいのか◉

接し方を問う前に考えなければならないのは、どうして苦手なのか、という点だと思います。今泉さんは、自分に向けられた言葉の理解ができていないわけではありません。伝えるための言葉が頭のなかにないわけでもなさそうです。それなのに伝えることが難しいのは、どういう理由からでしょうか。

いくつかの理由が重なっているはずですし、正解が僕にわかるわけではありません。ただ、一つの理由として、自信のなさがあると思います。

発音が思うようにいかないことも、言葉で伝えることを不安にさせます。私たちは、相手に何かを話しかけて、「えっ?」と聞き返されると、少し気持ちがひるみます。もう一度がんばって声を出しても、「えっ?」と繰り返されると、「もういいです…」となってしまうかもしれません。そういうことが続くと、話しかけること、何かを言うことに憶病になってしまうのではないでしょうか。

今泉さんがグループホームに入ってから、それほど月日が経っていなかったこともあります。今泉さんは、施設に通所してはいましたが、家族以外の人の援助を得ながら生活すること、自分の意思や要望を伝えながら生活することに慣れていなかったと思います。職員との関係においても、多かれ少なかれ緊張する面があったでしょう。そうしたことも、今泉さんの不安感につながっていたと考えられます。

◉だんだん意思表示が円滑になる◉

今泉さんに対して、グループホームの職員は、返事を無理に求めるようなことはしませんでした。返事を強要されれば、緊張や不安がさらに高まり、よけいに返事ができなくなっていたのではないかと思います。それに、グループホームは、安心していられることが特に大切な場です。「ちゃんと言ってよ！」「はっきりしてよ！」と言われていては、ゆったりすることも、くつろぐこともできないでしょう。今泉さんへの職員の関わりは、今泉さんが安心して生活していけることを基本に置きながら、今泉さんの発言をゆっくり待つなど、本人が選んだり意思表示したりすることを大事にしようとするものでした。

そのせいかどうかはともかく、結果として、今泉さんは少しずつ変わっていきます。何か聞かれたときの返事がだんだん円滑になるとともに、自分から職員に話しかけることが多くなりました。携帯電話の充電をしてほしいとか、かゆいところをタオルでふいてほしいとか、生活のなかでの要求を伝えます。通所先を休むとか、合唱コンサートに出るとか、自分の予定についても、積極的に話すようになりました。横綱力士の引退やテレビガイドの発売日など、興味のあることについての世間話を自分からすることもありました。また、言葉で伝えるというのではなくても、「荷物をこちらに持ってきて」「自室に入りたい」といった意思表示を、指差しによって自分からすることも増えました。

◎自信につながる◎

自分の考えていることや要求を伝えられるようになることは、生活を心地よいものにしていくうえで重要です。また、意思表示の広がりが「自分もなかなかやれる」という自信とつながっているのだとすれば、それも大きなことのように思います。

ある朝、通所先に出かける直前に携帯電話を触るなどして、もたもたしているようにみえた今泉さんに、職員が「遊んでないで行きましょう」と声をかけました。すると、今泉さんは、即座に、「遊んでないよ!」と大きな声でやり返したのです。笑いながらですが、はっきりとした反論でした。些細なできごとではありますが、今泉さんの自信がふくらんできたことを感じさせるものです。

このような自信のふくらみも、発達保障の取り組みがめざすべきものだといえるでしょう。自信に支えられることによって、言葉をあつかう力なども、生活のなかに生きてくるのではないかと思います。

◉できることで自信がふくらむ◉

今泉さんの自信がふくらむ背景には、グループホームの場や職員に慣れたこともあったと思います。うまく伝えられなくても待ってもらえるという、安心感や信頼関係も大事だったことでしょう。同時に、それらに加えて、「言えば伝わった」「答えることができた」といった経験が、自信を支えるものになっていたと思います。「できる」ということが、自信につながっているように感じられるのです。

第1章では、能力やスキルの獲得ばかりに注目することの問題性に触れました。「できる」のほかにも、気持ちの育ちなど、大切なことがあるということです。とはいえ、それは、「できる」が重要でないということではありません。

「できる」や「わかる」と完全に切り離して自信のふくらみを求めることには、しばしば無理があるような気がします。「できる・わかる」を基盤にすることによって、「自信がある」「好き」「楽しい」などの気持ちがふくらんでいくこともあるのではないでしょうか。

◉自信だけをもつのは難しい◉

自分自身の経験からも、そう思います。僕は、子どもの頃から、球技が得意ではありませんでした。そんな僕にとって、たとえばバレーボールで、「失敗してもいいから、思いきってボールに向かえ！」などというのは、ほとんど失敗しない人の言い分に思えました。失敗するかもしれない不安の強い人間には、積極的になることがとても難しいのです。「失敗してもいいから…」と言う人の善意がわからないわけではありませんが、僕にとっては、その言葉はむしろ重荷です。不十分な技能だけでなく、積極的になれない気持ちまで、責められるように感じるからです。

音楽についても、同じでした。「上手・下手は関係ない。大事なのは楽しむこと」という雰囲気に対して、僕は、恨みに近い反発を覚えます。楽しむためにも、上手であるのに越したことはない、という思いを捨てきれません。「ろくに吹けないけれど、ハーモニカを吹くのが好き」というのは、基本的には不自然です。「下手の横好き」という言葉はありますが、「得意だから好き」「できるから自信がある」というのが、どちらかというと自然ではあると思います。

◉「できる・わかる」のあり方◉

問題なのは、「できる・わかる」という表面だけに関心が集まることです。「できる・わかる」を考えるときには、「できる・わかる」にまつわる本人の気持ちに目を向けることが求められるはずです。「できる・わかる」が本人にとってどういう意味があるのか、それは本人のしたいこと・知りたいことなのか、本人はどんな気持ちで「できる・わかる」にたどりつくのか、「できる・わかる」への過程が本人の過度な負担になっていないか、本人に達成感や満足感はあるのか、「できる・わかる」が本人の自信につながっているのか…。

本人の自信にも結びつくような「できる・わかる」が、発達保障の取り組みにおいて大切なように思います。

コラム1　ほめられた経験

学生の頃、ある自治体の障害者青年学級に何度か参加させてもらったことがあります。ある日の活動は豚汁づくりが中心で、知的障害のある同世代の青年たちに混じって、僕はその場に加わっていました。

調理が進み、豚汁ができあがって、お椀に取り分ける段になりました。青年学級のメンバーである青年たちが、一人ずつ順番に豚汁を鍋からよそっていきます。その様子を僕は少し後ろから見ていました。すると、鍋の横に立っていた年配の女性ボランティアの方が、〝では、次、あなた〟というように、僕のほうに手を伸ばしました。僕は、〝違います…〟と心の中で思いました。けれども、「違います」と答えるのは変です（ボランティアの方は豚汁をよそうように促しているだけなのですから）。それで、ぎこちない気持ちを抱きつつ、僕は右手でお玉を受け取り、鍋から豚汁をすくって、左手に持ったお椀にゆっくり流し込みました。すると、ボランティアの方は、「すご～い。上手！」と、たいそうほめてくれたのです。

お椀に豚汁をよそってほめられた経験は、記憶にある限り、僕の人生ではこの一度きりです。ほめてもらった後のことは覚えていませんが、おそらく、ほめられた御礼のような愛想笑いを作りながら、逃げるように鍋から離れたのではないでしょうか。

ボランティアの方を悪く言うつもりは全然ありません。ただ、ほめられた僕がうれしかったか、ほめられたことが自信につながったかというと、そんなことはありません。むしろ、どこか馬鹿にされたような感覚があった気がします。

このとき思ったのは、障害のある子どもや青年はこんな経験をすることが少なくないのかもしれない、ということです。「豚汁をよそうくらいは何でもない」という人は、知的障害のある青年たちのなかにも多いはずです。それなのに、しばしば〝不自然なほめられ方〟に出くわすのだとしたら、その影響は無視できないかもしれません。〝不自然なほめられ方〟は、期待の低さや見下す視線を感じさせるものになりかねないからです。

近頃は、「ほめられることで自信がつく」「ほめられることで自己肯定感が高まる」といったことがよく言われます。一理あるとは思うのですが、ほめられることが逆効果になることだってあるのではないでしょうか。ほめるというのは、難しいことだと思います。

▼障害者青年学級での経験からしばらくして、知的障害のある人のためのパソコン教室の見学に行きました。ボランティアの方に手招きされた僕は、パソコンの前に座ります。そして、「マウスをクリックしたまま動かすと線を描けますよ」と、描画機能について丁寧に教えていただきました。言われた通りに線を描いた僕は、たいへん感心されました。

第3章　安心できる関係

◉関わりを求める子どもたち◉

数年前になりますが、学童保育の指導員さんに子どもたちの「気になる様子」についてのアンケートをお願いしたことがあります。その結果、「過剰に甘える（大人に関わりを求める）子ども」が「多くいる」と感じている指導員さんが少なくないことが浮かびあがってきました。

自由記述欄のなかには、「〝自分が、自分が〟の子どもが増えている（愛情を求めている）」「〝私だけをみて。ほかの子なんてほっといたらいいやん〟の子がいる」「甘えたい、話を聞いてほしい。そのような思いを素直に出せず、大人を試すようなアピール行動がある」「問題のある行動を起こすとき、受けとめてもらいたい、認めてもらいたい気持ちの裏返しにみえる」といった回答がありました。

アンケートは、いわゆる「気になる子ども」をめぐる実態と課題を知るためのものでした。「指示や連絡が伝わりにくい子ども」「他の子どもとの衝突が多い子ども」などについての回答が多くなることは予想していました。しかし、それらに劣らず、「過剰に甘える子ども」についての回答があったのです。そのことが、僕にとっては印象的でした。

◉宿題を理由にして◉

学童保育でアルバイトをしている学生から、こんな話を聞いたこともあります。

学校の宿題について、学童保育に来ている子が、「これ、どうやるの？」と質問をしてくるというのです。けれども、それはどうも、宿題が難しくてわからないからではないらしい。指導員と話がしたい、関わりたいという気持ちがあるようにみえる。たくさんの子どもがいる学童保育であっても、宿題を理由にすれば、指導員を独りじめできるというわけです。

一方、別のある子は、学校の宿題を学童保育でしたがらなかったといいます。理由を指導員さんが尋ねると、その子は、「お母さんとしたいから」と答えます。宿題ということであれば、忙しいなかでも母親が付き合ってくれる。そう思っているらしいというのです。

◉「障害児の役をやりたい」◉

ある学童保育の指導員さんからは、ある子が「障害児の役をやりたい」と言ったことにショックを受けたと聞きました。ままごとのような遊びのなかでの発言だそうです。僕は、それがどういう意味でショックな発言なのか、しばらくわかりませんでした。

詳しく話を聞いて理解したのは、こういうことです。その学童保育には、障害のある子どもも通っていて、加配の指導員が配置されており、障害のある子どもに丁寧に関わっている。「障害児の役をやりたい」と言った子からすれば、ちやほやされているようにみえる。自分も、あの子と同じように、ちやほやされたい。甘えたい。そういう気持ちが、「障害児の役をやりたい」という発言につながったのではないか。

この指導員さんの解釈が当たっているのかどうか、それはわかりません。ただ、指導員さんがそう考えるだけの理由があるということは、確かなように思います。

◉安心できる関係を◉

念のためにいうと、関わりを求める思いの強さや、受けとめてもらいたいという気持ちの大きさは、学童保育の子どもに特有のことだとは思っていません。両親が共働きだと子どもが寂しい思いをする…などと言いたいわけではありません。学童保育での様子からみえてくる子どもたちの思いは、多くの小学生に共通するものなのではないでしょうか。もっといえば、より年長の子どもたちや、私たち大人にも、共通しているかもしれません。

最近では自己肯定感について語られることがよくありますが、自己肯定感というよりも、もっと基本的な、安心感のようなものがとても大切になっているように感じます。それは、「この人は信頼できる」「ここに来るとほっとする」というような、人や場所との関係のなかで生まれる感覚です。「かけがえのない自分（オンリーワン）」かどうかはわからないけれど、とにかく大事にされていると感じられる関係、自己肯定感がもてない自分であることも含めて認めてもらえる関係が、そうした感覚につながっているのではないでしょうか。

茂木俊彦さんは、「安心できる関係」について、「子どもの側からみれば、大人によってつねに見守られており、自分をわかってもらえているという手応えを感じることができ、また、ここに自分がいてよいのだという感覚の源泉になるような関係」と説明しています。[1)] そういう「安心できる関係」をつくっていくことが、発達保障の取り組みにおいて、たいへん重要になるように思います。

問題なのは、それでは「安心できる関係」はどのように育まれるのか、ということです。みなさんは、「安心できる関係」にとって、何が大切だと思われますか？　みなさん自身が安心感をもてるのは、どういう関係でしょうか？

いろいろなことが「安心できる関係」に関わってくるのだと思いますが、ここでは「ためす」「ほめる」という二つについて考えておきたいと思います。

◉ためす…◉

まず、「ためす」についてですが、自分が人にためされるのはあまり気持ちよくない、という感覚が僕にはあります。ためされることで、きちんとしなければという緊張感や、うまくできるかなという不安感が生まれやすいように思います。

けれども、たとえば学校教育を考えても、子どもをためすことがよくあるように感じます。文字通りのテストもありますが、それ以外にも、教師と子どもの日常のなかに、「ためす―ためさ

1）茂木俊彦（2001）『親と先生の共同ですすめる障害児の子育て』全障研出版部

れる」という場面がありがちです。「4×8は?」と先生にきかれれば、「32」と答えなければなりません。学校の教室では、知っている人が知らないかもしれない人に尋ねるという、普通ではない事態が起こっているわけです[2]。朝の会で、「今日のお天気は?」ときかれたとき、「先生、外を見れば?」というのは脱線です。「昨日の授業では何をしましたか?」という問いかけに、「先生、忘れたの?」と返すのも反則です。

僕は、こうした学校文化になじみにくさを感じることがあります。「今は何をする時間だったかな?」「何か忘れていることはないかな?」といった言葉にも、ときどき違和感をもちます。使われ方によっては、嫌味ですよね。

この種のやりとりを否定するつもりはありません。同じ言葉でも、人間関係や文脈で意味合いが違ってくるとも思います。ただ、「ためす―ためされる」という関係が、場合によっては、人間どうしの距離を広げたり、安心感を損ねたりすることにならないだろうか。そんなことを疑問に思うのです。

◉ほめる…◉

ほめることの危うさも、ためすことの危うさの延長線上にあると思います。「ためす」と「ほめる」に共通するのは、どちらも評価をともないがちだということです。評価されるということ

2）佐藤学（1996）『教育方法学』岩波書店

は、評価に値する何かが自分にあるということでしょう。それは、裏返せば、評価に値する何かを失えば、認めてもらえなくなるということです。その不確かさは、不安感につながるかもしれません。また、評価されているのが自分そのものではなく、自分に付随する何かでしかないと感じられるならば、自分が認められているという安心感はもてないかもしれません。

学力テストで良い成績をとって先生にほめられたとしましょう。悪い気はしないかもしれません。でも、次も良い成績をとれるとは限りません。また、先生にとっては、受け持ちの生徒の好成績が満足なのであって、高得点をとったのが自分ではなくてもよかったのではないか、という疑いが残る余地はあります。何より、テストの得点をほめられるよりも、「きみは友だち思いだね」と声をかけられるほうが、よほどうれしいかもしれません。試合に勝ってほめられる、演奏が上手にできてほめられる、行儀よくしていてほめられる、といったことについても、同じようなことがいえるのはないでしょうか。

子どもの教育に関わっては、ほめることが重視されがちです。しかし、ほめることが安心感や「安心できる関係」につながるかといえば、必ずしもそうではないと思います。

◉愛すること◉

これができたからほめるとか、あれができたら評価するとか、そういうことを土台にしたのでは、「安心できる関係」は生まれにくいのではないでしょうか。

三木裕和さんは、「人類を代表して子どもを愛すること」を教師の専門性として挙げています。[3)] この専門性のもとで、子どもたちは何かを条件に愛されるのではないはずです。子どもがいて、教師がいて、だから、教師は子どもを愛する（愛そうとする）、ということだろうと思います。「安心できる関係」も、このことを土台にしてこそ育っていくのではないでしょうか。

三木さんは、「教育で一つだけ教えることができるのは、子どもたちが愛されるべき存在であって、それはいい子だから愛されるというわけではない、ということです」とも書かれています。[4)] そのことを「教える」のは簡単ではない気がしますが、僕は三木さんの言葉に共感します。

3）三木裕和（2007）「特別支援教育と教師の専門性」荒川智・越野和之編『障害者の人権と発達』全障研出版部
4）三木裕和・越野和之ら編（2014）『障害のある子どもの教育目標・教育評価』クリエイツかもがわ

第4章　仲間のいる場所

自立訓練事業プエルタは、特別支援学校高等部などを卒業した後の「学びの場」として、2012年の春に京都市で発足しました。知的障害のある20歳前後の青年を中心に、例年15名前後の人が通っています。

◉新しい「学びの場」◉

高等学校卒業後に進学する人が増えてきた一方で、高等部を卒業した知的障害のある青年には、進学という選択肢がほとんど用意されていません。もっとゆっくり学ぶこと、したいことのできる豊かな青年期をもつことが、障害のある人たちにも保障されるべきではないか。そのような関係者の思いから、障害者自立支援法にある自立訓練（生活訓練）事業を活用して中等教育後の

「学びの場」をつくる取り組みが始まりました。2008年に和歌山県で「フォレスクール」が発足したのを先駆として、今では全国各地に「学びの場」が広がってきています。

そうした動きのなかで生まれたプエルタは、ビルの1階と2階を使った小さな「学びの場」です。施設・設備が充実しているとは言いがたいのが実情ですが、公共施設を使ってスポーツや調理実習をしたり、積極的に外出をしたりと、社会に開かれた活動を展開しています。制度が貧弱なため、職員体制も満足なものではありませんが、たくさんの〝外部講師〟が活動を支えてくれています。月2回の写真講座の講師は、『みんなのねがい』のグラビアを担当されている豆塚猛さんです。本職の音楽家の方々の協力のもと、音楽講座も活発に実施されています。美術の先生に来てもらって自由画に取り組み、ささやかな作品展を開いたこともあります。

学校でいえば国語・数学にあたる内容や、科学実験（静電気、摩擦、表面張力…）、衣類の購入やATMの利用のように生活に関わることなど、活動の中身は多彩です。地域の夏祭りへの参加、フットサル大会への出場、自分たちで行き先を考えての旅行など、行事的な活動も多くあります。

◉仲間の存在◉

僕は、プエルタの青年たちに大学に来てもらい、年に一度、授業で話をしてもらっています。

特別支援学校等に通っていた本人から話を聞くことは、障害児教育に携わろうとする学生にとって、貴重な経験になるのではないかと考えています。

授業のなかでは、プエルタの活動のなかで特に好きなこと、印象に残っていることの紹介をしてもらいます。合宿・旅行の話になることもあれば、昼休みに熱中しているカードゲームの話になることもあります。「坊主めくり」が好き、「ジャンボジェンガ」がおもしろい、といったことが語られたりもします。

それらに加えて、「友だちといっしょに帰るのが楽しい」「友だちと遊びに行けてよかった」という感想が出されることがあります。友だちとの活動が楽しいこととして意識されているようです。「カードゲーム」「坊主めくり」「ジャンボジェンガ」などについても、「友だちといっしょにするから楽しい」という面があるように思います。

青年たちは遊びの話をすることが多く、「学びの場」「自立訓練事業」という看板

を思うと苦笑いするような面もありますが、遊びを通して仲間関係が深まることは少なくありません。たとえば、中山くんは、プエルタに来て、大好きなカードゲームを前田くんと楽しむようになりました。前田くんは一足先にプエルタを卒所したのですが、今も２人で映画に行ったりすることがあるそうです（前田くんの卒所後、中山くんは松浦くんを誘ってオセロをするようになりました）。

友だちとたっぷり遊ぶ経験がこれまで十分になかったのかもしれない、と考えさせられることもあるのですが、いずれにしても、仲間の存在を魅力として感じている青年が多いように思います。

◉仲間関係と発達◉

プエルタに通う青年のなかには、休日に友だちどうしで遊びに行く人たちもいます。途中で財布を見失うなど、しばしば事件のある外出らしいですが、本人たちには「自分たちで行った」という満足感がみてとれます。松浦くんにとっては、ひらかたパーク（遊園地）に行ったことが、ただ楽しかったということを超えて、ある種の達成感につながっているようです。親とではなく友だちと、自分たちだけで行けたことが新鮮でもあり、自信にもなっているのでしょう。花火大会に仲間と行ったことなどと合わせて、「初めてできることばかり」と喜んでいました。

そうした仲間関係の意義は、発達保障を考えるときに忘れてはならないものでしょう。仲間関係は、発達の土台になります。また、豊かな仲間関係の形成は、それ自体、発達保障の取り組みにおいて求められる中身です。それぞれの人が自分なりの人間関係を発展させていくことも、人間の発達の一側面といえるかもしれません。

発達保障の考え方においては、「集団」が重視されてきました。プエルタでみられる人間関係を言い表すのに、「集団」という表現がぴったりかどうかはわかりません。ただ、「個別」や「一人ひとり」が強調されることの多い状況があるなか、意識的に「集団」や「仲間」に目を向けることは、とりわけ重要なように思います。

◉仲間が支えになる◉

仲間がいることは、新しい一歩を踏み出したり、何かに挑戦したりするときの支えになることもあります。

プエルタに通う角谷さんは、友だちといっしょに帰りたいという思いから、怖くて苦手だった地下鉄に乗れるようになりました。また、小林くんは、親友の小松原くんが仕事に就くのをみて、自分も働きたいと考えるようになりました。卒所してからもプエルタに顔を出し、「小松原はどうしてますか?」と気にかけながら、仲間の存在を励みに新たな場に通っています。

新井田くんが2回生旅行に参加する際にも、仲間の存在は大きなものだったようです。プエルタに入るまで、新井田くんには外泊の経験がほとんどなく、1年目の合宿のときには、緊張して顔色が変わってしまっていました。宿泊施設の近くの山に走って逃げ込んでしまったり、部屋のなかで「帰りたい！」と暴れたりして、2日目の早朝に自宅に戻ることになりました。けれども、2年目の旅行のとき、家族や職員は心配をしたのですが、新井田くん自身が「2回生のみんなといっしょなら大丈夫」と説得をしました。そして、無事、ディズニーランドを楽しみ、スカイツリーにのぼることができたのです。

プエルタにおいて、仲間関係はかけがえのないものになっています。

◉青年期と仲間関係◉

仲間関係が大切に考えられているのは、プエルタだけではありません。フォレスクールの榎本恵理さんも、「フォレスクールでは、支援学校時代とはちがう関わりを、仲間どうしでもつことが多くなります」と述べ、「仲間と関わる・ぶつかる・つながる」ことの意味を強調しています[1]。また、兵庫県のエコールKOBEでは、「仲間とともに」が「実践の三つの柱」の一つとされ、学生自治会の活動にもみられるように、いろいろな場面で青年どうしの話し合いが大事にされています[2]。

1）榎本恵理（2011）「『フォレスクール』ですごす2年間」『みんなのねがい』2011年7月号
2）岡本正・河南勝・渡部昭男編著（2013）『エコールKOBEの挑戦』クリエイツかもがわ

自立訓練事業を活用した「学びの場」に通う青年の家族からも、仲間関係の広がりを喜ぶ声が寄せられています。家族の方へのアンケートでは、「同年代の友だちとの関わりが一番刺激になっているようです」「友人とお昼休みにランチに出かけることができた」「休日も一緒に遊びに行ける友だちができた」「仲間と寄り道ができるようになった」「親と過ごすことよりも友人と過ごすことが多くなった」といった回答が多くみられました。[3)]

新しい「学びの場」にとって、仲間関係は、実践を考えるうえでの鍵といえそうです。仲間・友人は、人生を通して大切なものではありますが、青年期において特に大きな意味をもつように思います。

◉仲間関係を育むもの◉

ところで、最後に少しだけ考えておきたいのは、仲間関係はどのようにして育まれるのか、ということです。同年代の人が集まれば自然とよい関係が生まれる、というわけではないはずです。プエルタの施設長である津村恵子さんは、「友だちとの楽しい活動があることが大きい。多様な活動があることがよいのでは?」と語ります。青年たちの興味や関心はさまざまですが、いろいろな種類の活動があることによって、どこかで仲間と共有できるものがみつかる、ということだと思います。いっしょに楽しめる活動を通して、仲間関係が深まっていくのでしょう。

3）丸山啓史（2015）「知的障害のある青年の『学びの場』としての自立訓練事業の役割」『京都教育大学教育実践研究紀要』第15号

そのこととも関係しますが、自分の興味や関心、自分らしさが受け入れられていると思える安心感も大切な気がします。プエルタをみていて印象的なのは、おおらかな雰囲気です。誰かが発言しようとしていると、せかされることはほとんどなく、ゆっくり待ってもらえます。電車や戦国時代についての〝マニア話〟にも、それなりの反応があったりします。カードゲームは、職員もいっしょになって遊んできました。そういう場の雰囲気が、仲間関係の土台になっているのではないでしょうか。

豊かな仲間関係の生まれる場が、もっと広がっていくことを願っています。

コラム2　集団はすばらしい？

社会学者の土井隆義さんは、『つながりを煽られる子どもたち』（岩波書店、２０１４年）のなかで、「ネット依存」や「ＬＩＮＥ疲れ」の問題に触れながら、「人間関係へ脅迫的に追い込まれている」子どもたちの現状を記しています。そこでは、コミュニケーション能力や友人数で人間としての価値が測られるかのような感覚の広がりが指摘され、友だちを確保するために不安感のなかで必死の努力をしている子どもたちの姿が示されます。

土井さんは、いじめ問題に関しては、協調性の大切さが説かれることを批判し、「過剰な同調圧力こそ、今日のいじめの根底に潜んでいるもの」と述べます。「人びとに過度の熱いつながりを強要し、一致団結を求める態度は、みんなと違うことを悪とみなし、運命の共有を強要し、そこから外れて振るまう人間を断罪しかねない危険をはらんで」いるとみるのです。そして、『絆の大切さ』という聞こえのよい言葉」や「『日本はひとつ』『つながろう日本』といった勇ましいかけ声」について、「どれほどの日本人が違和感を表明しえてきたでしょうか」と問いかけています。

＊

第４章で仲間関係の意味について書きましたが、「集団に参加できればそれでよい」「集団こそがすばらしい」とは思っていません。「集団」の危うさにも注意を払う必要があると考えています。

「集団」は、人を励まし得るものの、人を不自由にしたり、人を苦しめたりする側面があります。学校に関わることでみても、集団登校が嫌でどうしようもなかった、という人がいます。休み時間に学級全員で遊ぶことを強要される「みんな遊び」が苦痛だった、という話もあります。また、アイドルの話題についていかなければならなかった、多くの友だちが持っているシールを自分も買わなければならなかった、といったように、仲間関係に縛られてきた経験を語る人もいます。

仲間と関わること、「集団」に入ることが自己目的化されたり強要されたりすると、それを求められる本人が窮屈な思いをすることがあるのではないでしょうか。「集団」が本人にとってどういう意味をもっているのか、本人の要求はどこにあるのか、といった観点が大切なように思います。

＊

「集団」が媒介する文化の質にも関心を向けるべきでしょう。人と人との関わりは、すばらしい文化を生み出す可能性をもつと同時に、必ずしも望ましいとはいえない文化の土壌にもなります。たとえば、人が集まる学校や職場は、商品文化・消費文化が伝染する主要な経路の一つといえるでしょう。米国でも、学校はマーケティングの重要な舞台として考えられているようです。学校や職場で伝染させられていく文化は、人間の生活と発達にとって良いものだとは限りません。

▼障害のある人や子どもは、人間関係を広げていきにくい場合がある一方で、ほぼ常にケアが必要だったりすると、ずっと誰かと接していなければならない場合があります。一人で過ごす時間の意味、一人になることの意味についても、考えてみる必要がある気がします。

第5章　魅力のある経験

30年ほど前の作品になりますが、『スタンド・バイ・ミー』という映画をご覧になったことがあるでしょうか。原作となった小説は、スティーヴン・キングの『The Body』です。[1)]直訳すれば、「死体」ということになるかと思います。

森で列車にはねられたまま発見されていない少年の死体を探しに、困難な境遇にある４人の少年が線路に沿って歩いていく物語です。少年たちは、恐ろしい犬に追いかけられたり、列車にひかれそうになったり、沼でヒルに襲われたりしながら、森の奥をめざします。

1）スティーヴン・キング（1987）『スタンド・バイ・ミー』山田順子訳、新潮文庫

◉雌鹿との出会い◉

なににもまして重要だというものごとは、なににもまして口に出して言いにくいものだ。

原作の最初の一文は、物語の途中で繰り返されることになります。語り手でもある主人公の少年が、野宿して目覚めた朝、線路の枕木に立つ一頭の雌鹿に出会う場面です。

雌鹿との出会いは、わたしにとってあのときの小旅行での最高の部分であり、いちばんすがすがしい部分なのだ。ふと気づくと、人生のトラブルに出会ったとき、ほとんどなすすべもなく、あのひとときに帰っている。

人生のトラブルとは、たとえば、「ベトナムの茂みで、鼻を撃たれた男に遭遇したとき」「末の息子が水頭症かもしれないと医者に言われたとき」「母親が死ぬ前の長い一週間」です。

そういうとき、わたしはふと気づくと、あの朝にもどっていて、すりきれたスエードのような耳、白い斑点のあった尻尾のことを考えている。

どうして雌鹿との出会いが重要なのか。それについては、ぜひ原作を読んで味わいたいところです。ここで考えたいのは、そういう経験、生きていくうえで立ち戻ることになるような経験が、人それぞれにあるのではないか、ということです。

みなさんにとって、「なににもまして重要だというものごと」とは、どんなことでしょうか。

何かのときに思い出すのは、どういう光景でしょうか。

◉サンダルを追いかけてくれた先生◉

大学院生のときに東京都町田市の「障がい者青年学級」のスタッフをしていて、出会った歌がありました。青年学級では、自分たちの生活や思いをもとにしたオリジナルソングがたくさん作られてきています。そのなかの一つに、「おいたちのうた」がありました。一番は○○さん、二番は○○さん、というように、それぞれの「おいたち」が歌になっています。

いろんな道を通って
私たちはここにいる
ぼくは長崎で生まれた
町田にきたのが二十五
川にながれたサンダルを
はだかで追いかけてくれた
そんなやさしい先生が
ふるさとのまちにいた

残念ながら、この歌詞が生まれた経緯を僕は詳しく聞いてはいません。けれども、「おいたち」を思い起こしたときに、故郷の先生とのできごとが語られたのだと思います。そのような印象深い記憶の存在は、人生・生活の豊かさにとって、大きな意味があるのではないでしょうか。人によっては、経験したことについて、はっきり記憶に留めておくこと、言語化して覚えておくことは、難しいかもしれません。それでも、「楽しかった」「心地よかった」「仲間がいた」「なんだか安心できた」といった感覚は、その人のなかに蓄積するのではないかと思います（そう信じたい気もします）。

◉夜食のインスタントラーメン◉

心に残る経験、忘れられない経験は、生活していくうえでの励みになったり、支えになったりすることもあるでしょう。

寄宿舎指導員の木谷梢さんは、寄宿舎教育研究会がまとめた本のなかで、次のようなエピソードを記しています。[2)]

時折訪ねてくる卒業生は、大人になった今でも、仲間と一緒に作った夜食のインスタントラ

2）木谷梢（2013）「いつも心がけていたいこと」寄宿舎教育研究会『子どもの現在と生活教育』

ーメンのおいしさが忘れられないと言います。「おいしそうだねぇ」「いい匂いだねぇ」とワクワクしながら鍋をのぞき込む仲間の笑顔が、日々の仕事のストレスをも癒すかけがえのない寄宿舎生活の思い出として心に刻まれているのだそうです。

おそらく、ラーメンを作った夜が抜群に幸せな時間だったわけではないでしょう。ラーメンが実際にそれほどおいしかったのかどうかも、怪しい気はします。とはいえ、間違いなく、その夜のラーメン作りは本人にとって大切なものになっている。いろいろなことのあった寄宿舎生活を象徴するようなものとして、ラーメンの夜が思い浮かぶのではないかと思います。

このエピソードに続けて、木谷さんは、次のように書いています。

どこにでもある何気ない日常生活のワクワクドキドキを大切にするという

こと…それは時に、長い人生を生きてゆく糧にさえなりうるのかもしれません。

◉いきいき、わくわく…◉

ワクワクドキドキにも関係するのですが、教育学者の増山均さんは、スペインの生活・文化や子ども事情に触れるなかで、「アニマシオン」という概念に着目しています。[3] この言葉は、「イキイキ・ワクワクともに楽しむ」と言い換えられていますが、魂（アニマ）を活気づけることという意味です。

子どもとの関連では、「イキイキ、ワクワク、ハラハラ、ドキドキする楽しい生活や文化の創造を、限りなく励ましていくとりくみ」「教師と生徒が、おとなと子どもが、子ども同士がともに楽しむという営み」とも説明されています。アニマドールという資格をもった指導員のもと、子どもたちのキャンプやハイキング、遊びやスポーツなどが展開され、そうした活動の全体が「社会文化アニマシオン」と呼ばれてきました。

増山さんが強調するのは、スペインにおいて、学校などにおける教育（エデュカシオン）だけでなく、アニマシオンが大切にされているという点です。「〈教育＝教え・学ぶ〉という営みとともに、〈アニマシオン＝イキイキ・ワクワクともに楽しむ〉営みがあってこそ、人間は成長し、豊かな社会生活を築きあっていけるという考え方は、日本の教育や文化運動にとって、根本的に

3）増山均（2000）『アニマシオンが子どもを育てる』旬報社

重要な視点を提供しています」と述べられています。

このようにアニマシオンに着目することと、心に残る魅力的な経験に目を向けることとは、共鳴する部分が大きいように思います。

◉成果追求主義を抜け出す◉

心が活気づくような経験に価値をおくことは、何をするにも成果を求める態度から離れることだと思います。

心に残る経験が生まれることなども一つの「成果」とみるのであれば、話は違うのかもしれません。けれども、今の日本に広がっている成果追求主義が欲しがる成果は、そういう「成果」ではないように思います。成長・発展・改善・増加・削減であったり、能力向上・技能獲得であったり、はっきりと後に残る変化を成果として求める傾向が強いように思います。「個別の指導計画」や「個別支援計画」の重視も、そうした成果追求主義を反映している面があるといえるでしょう。

第1章でも書きましたが、現代社会は、右肩上がりの成長をやみくもに追い求める社会です。そういう社会のなかでは、発達保障という考え方でさえ、気をつけていないと、成果追求主義に巻き込まれてしまうのかもしれません。人間の発達を幅広い視野でとらえ、気持ちの育ちなどに目を向けたとしても、発達ばかりを直接的に追求することは、狭さや危うさをともなうのではないかと感じています。

もちろん、発達をめざす取り組みを放棄してよいということではありません。人間が育っていくことの意味を軽視しているのでもありません。「楽しかった」「うれしかった」「わくわくした」「気持ちよかった」「達成感があった」「感動した」といったこと自体の意義、魅力的な経験をもつこと自体の価値を、もっと認めてもよい気がするのです。

◉ゆっくり、ゆったり…◉

つけ加えると、成果追求主義と距離をおくことは、「ゆっくり」「ゆったり」を大切にすることにもつながります。成果追求主義に従わないとすれば、成果という目的・目標に向かって一直線に急ぐ必要はないのです。「むだ」があってもよいし、「あそび」があってもよいのです。ゆとりのなかから魅力的な経験が生まれることもあるのではないでしょうか。

英国で雑誌『怠け者』の編集長を務めてきたトム・ホジキンソンも、「ゆっくり」「ゆったり」を愛そうとする一人といえます。[4)] 彼が槍玉に挙げるのは、「時は金なり」の精神や、勤勉に働くことを美徳とする風潮です。「まずは目覚まし時計を処分しましょう。そこからすべてが始まる」と説く彼は、さぼることや怠けることを称賛しつつ、時間をたっぷりかけたランチを取り

4）トム・ホジキンソン（2006）『怠けの哲学』小川敏子訳、ヴィレッジブックス

戻すこと、時間を忘れておしゃべりを楽しむこと、宙を見つめて瞑想することなどを勧めます。そして、犬ではなく亀を連れての散歩を紹介しながら、「ペースを落としてぶらぶら歩こう」と呼びかけます。

ぶらぶら歩く、さまよい歩く、散歩する、漫歩するという行動にこそ、怠け者の真髄がある。ぶらぶら歩きは、もっとも気高く意味のある行動なのだ。楽しみむために歩く、観察はするが干渉はしない、急がない。ひとりで勝手気ままにふらつく。孤高を保ち、賢く陽気に神々しささえ漂わせて歩きまわる。これこそ自由というものだ。

ホジキンソンは、ぶらぶら歩きのことを、「目的の追求を最優先させる生き方への抗議」などと言っています。ぶらぶら歩きを実際にたくさん楽しむかどうかはともかく、ぶらぶら歩きの精神は大事にしたいように思います。

EL DERECHO DE VIVIR EN PAZ

第6章　土台になる生活

◉形成と教育◉

戦後の著名な教育学者である宮原誠一氏は、「目的意識的な過程」である「教育」と区別して、「自然生長的な過程」としての「形成」を考えていました。[1)]「人間が社会的生活そのものによってかたちづくられる過程」を「形成」と呼び、次のように書いています。

教育は形成の過程を統禦《とうぎょ》しようとするいとなみにすぎないのだ。形成の過程と並行的に教育の過程が進行するのではなくて、教育とは形成の過程と取り組む努力にすぎないのだ。そういう意味において教育は、人間の形成の過程に内包される一要因にすぎないのだ。

1）宮原誠一（1949）「教育の本質」
（『宮原誠一教育論集 第一巻』国土社、1976年）

宮原氏が教育の意義を軽くみていたということではありません。「適切な方法さえ講じられるなら、どのような人間でもつくりだせる」という考え方や、「学校が全能の教育機関であるかのようにおもいこむ学校教育への過信」に対する批判はあったといえますが、学校教育の重要性を否定しているわけでもありません。人間が「社会的生活の全過程によって形成される」ことを重視していたのです。宮原氏は、「人間の形成にとって、したがってまた人間の教育にとって、つねに第一義的な問題は、人間がどのように社会的生活をいとなんでいるかということだ」と述べています。

宮原氏の語っていることは、本来は言うまでもない、当たり前のことがらだといえるでしょう。しかし、「一般に教育関係者はこの平明なことがらをけっして正当に評価してはいない」という宮原氏の指摘は、現代にも当てはまるかもしれません。

日本においては、人間の育ちに関して、「教育」の役割がとりわけ強調される傾

向がみられる気がします。また、「教育」＝「子どもの学校教育」という意識も強く、社会教育や成人教育への関心さえ欠落しがちです。しかし、人間の成長や発達は、目的意識的な学校教育だけから生まれるのではありません。学校生活も生活の一部ですが、人間の発達の土台になるはずの生活について、幅広い視野でみておくことが必要だと思います。

◉発達と生活◉

障害のある子どもにとっての生活の重要性は、忘れてはならない歴史のなかで確認されてきたといえるでしょう。その歴史とは、「不就学」をめぐる歴史です。１９７９年に養護学校義務制が実施されるまで、就学猶予・免除などのかたちで、多くの障害のある子どもたちが学校教育から排除されてきました。生活のなかに学校をもつことのできない子どもたちがいたわけです。

福井県鯖江市において１９６７年から不就学障害児の実態調査に取り組んだ藤本文朗氏は、その子どもたちにみられた退行傾向を指摘しました。[2)]「かつて泣き、笑い、はしゃいだ子がまったく無表情の子どもにかかわったり、話しことばさえ失う場合」があったとして、「生活空間の狭あい化」や「生活時間の単調化」に原因を求めています。また、藤本氏は、学校に入れなかった子どもたちの死亡率の高さを提示しました。障害のない子どもたちと比べて著しく高く、養護学校の重度重複学級に在籍する子どもと比べても高い死亡率でした。「在宅のため、移動せず一日中

2）河添邦俊・清水寛・藤本文朗（1974）『この子らの生命輝く日―障害児に学校を』新日本出版社

単調な生活」は、「刺激がなく、生活にリズムがない」ものであり、子どもの命さえ奪っていたのです。

同じようなことは、東京都文京区における不就学障害児の調査からも把握されています。調査に携わった茂木俊彦氏は、子どもたちに発達の停滞や退行がみられたことを記しています。[3]「五歳ごろまでは歩いていたのに、このごろは立ち上がることさえしなくなった」「最近は一言もしゃべらないし、笑うこともほとんどなくなってしまった」という訴えが目立ったといいます。また、「風邪」をきっかけに子どもが亡くなり、「長い在宅生活で、からだが全体的に弱っていたからかしらね」と語られることがあったそうです。命を奪われるまでには至らなかったとしても、「閉じ込められた生活」が人間の発達を阻害することは明らかだといえるでしょう。

逆に言えば、「閉じ込められた生活」が解かれていくことによって、人間の発達の可能性はふくらみます。このことに関わって、茂木俊彦氏は、学校に通うようになった「在宅障害児」の例に言及しています。[4] 長期にわたり「在宅」を強いられていた子どもたちが、教育権保障運動により、学校教育の場に迎え入れられた。すると、その子どもたちは入学してしばらくの間に「顕著な発達的事実」を示したというのです。「学校はそのような障害の重い子どもの教育内容や方法を十分に準備できていたわけではない」「子どもたちが示した変化の大きさは、実践の効果だけで説明しきれるものではなかった」と、茂木氏は述べています。学校に通うことによって、それまでの「生活空間の狭さ、生活時間の単調さ、人間関係の狭さ」から脱け出すことができた。そ

3）茂木俊彦（1990）『障害児と教育』岩波書店
4）茂木俊彦（1979）「発達における障害の意味」『岩波講座 子どもの発達と教育３ 発達と教育の基礎理論』岩波書店

うした生活の変化が子どもたちの発達を促したということでしょう。

◉発達の土台をつくる◉

1957年に島根県立浜田ろう学校の教師となり、障害のある子どもの教育権保障に取り組んだ河添邦俊氏も、生活をたいへん重視していました。河添氏は、「『障害児』の発達と、『障害』の克服には、生活の場が主要な役割を持ちます」と述べ、「部屋の空気を入れかえた後、六時に起こします」「朝食前に、できるだけ楽しみながら、散歩をします」など、障害のある子どもの一日の生活のあり方を具体的に提起しました[5)]。

そこで大切にされていたことの一つは、睡眠です。脳の休養と成長にとっての睡眠の役割がふまえられたうえで、「子どもの脳の働きを、人間としての自然の法則に一致させる」ことが考えられていました。昼間は十分に活動し、夜間は十分に眠るという、生活のリズムが追求されていたといえます。

また、食事も生活の要となるものです。「一日三回の食事と一回の間食」についても、「テレビを見ながらとか、遊びながら食事をするといった『ながら食事』をさせてはいけません」「『これを食べないといけません』といった強制はしてはいけません」といったことが語られています。また、「砂糖分などのある菓子やジュース」の害が強調されていました。

5）河添邦俊（1978）『障害児の育つみちすじ』ミネルヴァ書房

そして、並んで柱となるのが、運動です。河添氏は、障害のある子どもの学校教育に関しても「体育の学習」を重視していましたが[6]、歩くこと、手を用いた遊び、全身を動かす遊び、はってする遊びなど、いろいろな運動（遊び）を生活のなかに入れこむことを提言しています。

こういった提起について、細かい内容の妥当性に関しては議論の余地があるでしょう。また、朝食前の散歩などは、現在の日本の社会においては実行が困難かもしれません。しかし、それらのことは、ここでの問題ではありません。重要なのは、発達の土台になる生活を大事にするという考え方です。その考え方を、私たちは受け継いでいく必要があると思います。

◎生活への着目◎

生活という観点からみることで意識しやすくなるものごとがあるような気もします。乳幼児に靴下をはかせるのかどうか、おやつに何を食べるのか、「おまつり」の景品に何を渡すのか…。華々しい議論の主題にはなりにくいかもしれませんが、大事なことだと思います。保育・療育・教育等の場においては、基本的な生活の様式に関わることも丁寧に考えておきたいものです。

生活という観点からみることで、同じ一つのものごとでも、見え方が違ってくることがありそうです。たとえば、子どもが買い物の練習でスナック菓子を買いに行ったとしましょう。このとき、子どもは買い物の方法を学ぶのかもしれません。けれども、別の角度からみると、スナック

6）河添邦俊・清水寛・藤本文朗（1979）『障害児と学校』新日本出版社

菓子への肯定的な見方を学んでいるともいえるでしょう。「健康的な生活」等の観点をもつことで、「外食の練習でマクドナルドに行く」といったことについて、多面的なとらえ方がしやすくなるように思います。

もっとも、生活に着目したとしても、〝望ましい理想の生活〟を人工的につくりあげることは不可能ですし、障害のある人や子どもの生活を隅々まで管理しようとする発想は不気味です。けれども、発達の土台になるような生活を励ます社会的環境を整える努力は求められます。まずは社会の責任において、豊かな生活の保障がめざされる必要があります。

◉豊かな生活を可能にする社会◉

注意が必要なのは、「まずは社会の責任において」という点だと思います。生活への着目は、特に子どもの生活に関わっては、家族の責任を追及することにつながりがちだからです。生活をともにする家族の役割は実際に重要であるとしても、生活に関して、誰かが一方的に家族を指導すればよいというものではありません。「家庭との連携」という名のもと、家族に多くの役割を求めることも、家族の負担と困難を拡大する結果になるかもしれません。

生活について本人や家族に〝お説教〟ばかりする政策も問題です。たとえば、10年ほど前から推進されてきた「早寝早起き朝ごはん」運動があります。たしかに、早寝・早起きは良いことでしょうし、健康的な朝ごはんも食べたほうがよいでしょう。しかし、それらが難しい社会を後押ししてきたのは誰でしょうか。張本人の政府が、一方で長時間の労働や不安定な生活を助長しておきながら、もう一方で「子どもは早く寝かせなさい。きちんと朝ごはんを食べさせなさい」と言う。あまりにも厚かましく、あまりにも無責任です。

本人や家族の責任よりも、社会のあり方が先に問われなければなりません。発達の土台になる生活を可能にする社会をつくることも、私たちが担うべき発達保障の取り組みなのだと思います。

コラム3　自然な生活

江戸時代の医者・思想家である安藤昌益《あんどうしょうえき》（1703～1762）は、「直耕《ちょっこう》」という独自の概念を用いながら、「万国の人、すべて転定《てんち》（天地）とともに直耕して、安食・安衣して、生死は転定とともにして…」という生活を説きました。すべての人が「直耕」する世の中を、あるべきものとして考えたのです。春に種をまき、夏に草取りをし、秋に収穫して、冬は翌年に備える。そうした営みが始まりも終わりもなく続いていく。それが、昌益のいう「自然の世」でした。

「平土」に住む人はたくさんの穀物を生み出し、「山里」に住む人は木を切り出し、「海浜」に住む人は魚を獲ります。そして、必要なものを交換しあい、誰もが過不足のない生活を送ります。物資のやりとりはありますが、「金銀銭」の流通はありません。

みんなが「直耕」のなかで体を動かし、健康的に暮らしているので、病気は少なく、たとえ病気になっても少し横になっていれば治ります。欲望で心を悩ますこともないので、精神的にも健やかです。いかがわしい医書・医術に頼らなくても、人びとは天寿を全うすることができます。

昌益は、「直耕」を体現するものとして、農業を重んじ、農民を尊びました。槍玉に挙げられるのは「不耕貪食の徒」です。「上に立ち不耕にして衆人の直耕を責め取り、貪り食いながら礼楽・音曲に遊戯して女色に溺るる者」などいないのが「自然の世」でした。民衆を抑圧する武士、ぜいたく品を作る職人、利益をむさぼる商人なども、批判の的となりました。

昌益が描く「自然の世」は、富める人もいなければ貧しい人もいない、上に立つ権力者や「聖人」もいなければ下になる人もいない、平等な世界です。戦争もありません。昌益は、「軍学」をなくすべきものと考え、刀剣・弓矢・鉄砲といった「軍術用具」の廃絶を主張しました。

＊

忘れられていた安藤昌益の存在と思想を20世紀初頭に発見した狩野亨吉《かのうこうきち》は、昌益の『自然真営道』を最初に拾い読みしたとき、あまりに大胆な主張に驚き、「狂人の書いたものに相違ない」と思ったそうです（精神医学者の呉秀三《くれしゅうぞう》に「狂人研究の参考」として『自然真営道』を貸与したといいます）。たしかに、昌益の考えには、理解の難しい部分が多くあります。けれども、昌益の描く「自然の世」に憧れを抱く人は少なくないのではないでしょうか。

昌益の説く「自然の世」の生活は、感覚的な言い方をすれば、手ざわりや手ごたえを感じられる生活でもあるように思います。お金を軸に生活を成り立たせるのではなく、なるべく自分たちが育てた野菜を食べ、なるべく自分たちが作った物を使って暮らす…。そんな楽しく魅力的な「自然な生活」が主流になる社会は、障害のある人も暮らしやすい社会であるような気がします。

▼安藤昌益についての概略は、石渡博明『安藤昌益の世界』（草思社、２００７年）にまとめられています。また、戦後の日本に安藤昌益を紹介したものとして、ハーバート・ノーマン『忘れられた思想家―安藤昌益のこと（上・下）』（岩波書店、１９５０年）があります。

第Ⅱ部

発達を支える学び

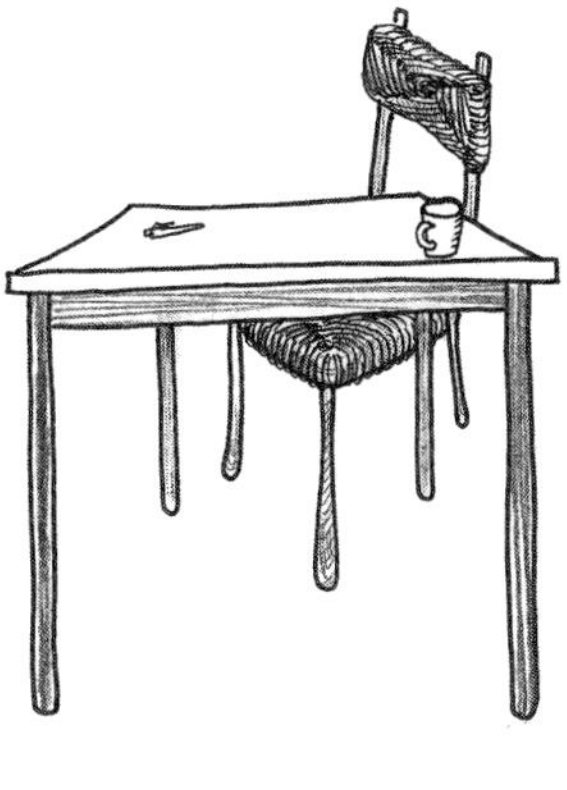

第7章　話す

私たちの誰もが発達する、と序章で書きました。学びの場を求めているのは、障害のある人や子どもだけではありません。

みなさんにとって、「あれはよかった」「こういうのが好き」と思える学びの場とは、どのようなものでしょうか？　深みのある講演を聴くのがよいという人もいるかもしれません。歌や踊り、ものづくりなどの実技講座も人気があるようです。「全障研の全国大会の分科会！」という人もいることでしょう。

学びの場のあり方はいろいろです。どれが一番よいか、比べるようなものではありません。とはいえ、僕は、少人数で継続的に集まって話せる場が特に大切だと感じています。そんな場の原風景として、僕には「九条のみの会」というのがあります。

◉九条のみの会◉

東京で大学院生をしていたとき、戦争放棄などを定めた憲法九条を輝かせることをめざして、「九条の会」が発足しました（２００４年）。その後しばらくしてから、まだ結婚する前だった僕と妻が言いだして、「九条のみの会」を始めたのです。それほど人数の多くない、およそ同世代の集まりで、仲間の多くは仕事をもっていました。自動販売機の整備をしている人、看護師、洋服のデザイナー、法律事務所の職員、アニメーター、鉄道の仕事をしている人、郵便局の職員など、職種はさまざまでした。

九条のみの会は、月1回くらい、中央本線の国分寺の駅前などで、「憲法九条を守ろう」と訴える宣伝をしました。そして、宣伝の後は、よく鍋会をしていました。材料をもって、みんなでアパートに集まるのです。九条のみの会は、〝出会いの場〟づくりを密かに兼ねていたので、鍋会に新しい仲間を誘ってくることにも熱心でした。人づてで広がり、常連が多いながらも、毎回のように初対面の人がいました。

そのため、鍋会は、いつも自己紹介から始まります。仕事のこと一つとっても、互いに知らないことだらけなので、あれこれ尋ねたり、そこから横道にそれたりして、自己紹介はなかなか終わりません。みんなが好きなことをきいて、好きなことを話していました。たくさん話す人もいれば、もっぱら聞き手にまわる人もいます。そんな場が、なんだか楽しかった。

◉みんなで話す場◉

九条のみの会は、学びの場として生まれたものではありません。それどころか、宣伝と鍋会のどちらが主役かも曖昧な、ちょっといいかげんな集まりでした。けれども、「洋服デザイン業界の裏側」「パチンコ店での彼女との出会い」「電車の車両に書かれた『モハ』の意味」「不登校時代の生活」など、みんなの話のあれこれが僕には新鮮で、世界が広がる感じがしました。

自分自身の実感として、せいぜい10人くらいの、みんなで話す小さな場は、とてもよいものだと思います。一人ひとりの話をじっくり聞きやすい。

京都に来てからの全障研の活動でいえば、「ポン太の会」というのをしていた時期があります。全障研京都支部の若手サークルということになっていて、職場の異なる何人かでときどき集まっていました。休日の午後、おやつを食べながら、その日の報告者の話を聞き、おしゃべりをします。小学校での子どもたちの遊びの様子とそれをめぐる取り組みなど、興味深く聞いたことを思い出します。

最近では、京都支部の仲間と集まるのは、支部の運営委員会が中心になっています。月に一度くらいの会議ですが、そこでは近況交流の時間がもたれてきました。「療育の場として学校とのやりとりを進めています」「インフルエンザがはやっていて…」「職場で学習会をしました」「学校でキャリア教育が推進されていて…」「新しいグループホームができます」など、身のまわりのことが語られます。一人あたり数分になりますが、貴重な時間です。

◉一人ひとりの現実から◉

みんなで話す場が魅力的なのは、一つには、一人ひとりが話す現実のなかに、目を向けるべき〝最先端〟があるからではないかと思います。一人ひとりが、今の社会のなかで、働いたり、学んだり、考えたりしているのです。そのことについて聞くのは、楽しく、意味のあることだと感じます。

何年か前になりますが、全障研京都支部で学習会の企画を考えていて、どんな人の話が聞いてみたいかときかれ、僕の頭に浮かんだのは、「みんなの話が聞きたい」でした。「みんな」というのは、そのときいっしょに話をしていた、京都支部の若い仲間たちです。僕は、答えてから、「そうなんだよな…」と改めて思ったことを覚えています。〝有名な先生〟の話もよいけれど、僕は、みんなの話が聞きたい。

京都支部が主催する学習会では、近年、わりと身近な人に前で話をしてもらうことが少なくありません。乳幼児の療育に携わる仲間たちが実践の様子を語る学習会もありました。講師を招いて講演をお願いするときにも、その内容に関連する実践報告を合わせたりしてきました（この方式は好評でした）。全障研第50回全国大会（2016年・京都）に向けてのプレ企画のなかでも、保育所、小学校、特別支援学校、相談支援センターなど、複数の現場からの話をしてもらうなどしました。

一人ひとりが、何をみて、何をして、何を考えているのか。そのことのなかには、私たちの学びの源がたくさんあるはずです。そういう意味では、私たちは誰もが、語ることのできるもの、語るべきものをもっているのだと思います。それを出しあい、聞きあえる場が、大切なのではないでしょうか。

◉いろいろな人が集まること◉

いろいろな人が集まることで、話しあうなかでみえてくる現実も幅広いものになります。そのことが、全障研の良いと

ころだとも思います。

京都支部の運営委員会をみても、集まる仲間の職場は、児童発達支援や放課後等デイサービスの事業所であったり、小学校や特別支援学校であったり、人それぞれです。成人施設で働いている仲間もいます。こういう場は、ありそうで、なかなかないものです。

もちろん、職種が同じでも、職場が異なれば、話をするなかでの新しい発見が多いことでしょう。同一の学校や法人で働いていても、持ち場を越えて集まることで、互いの理解が進んだり、実践の手がかりが見つかったりするかもしれません。

さらにいえば、かなり近いところにいる人どうしで集まっても、人によって、みているものや思っていることは異なるはずです。一人の子どもについてにせよ、一つのできごとについてにせよ、何人かで話しあうことによって、違う見方に気づいたり、自分の考えを再確認したりすることができるのではないでしょうか。

◉安心できる場◉

そんな話しあいの場に参加するとき、あまり緊張せずにいられる雰囲気があるとうれしいですよね。ただ、そういう雰囲気がどうすれば生まれるのか、これが少し難しいところかもしれません。

経験的にいえば、一つには、気兼ねなく発言できることだけでなく、気兼ねなく黙っていられることがよい場合もある気がします。僕は、立場上、学習会などの場で「先生、どうですか？」と発言を求められるときがあるわけですが、これが実はけっこうつらい。急にふられたときなど、慌ててしまいます。京都支部の集まりでは、そのあたりの心配が少ないので、気持ちが楽なのです。

もう一つには、当たり前のことですが、いつもの仲間で集まるというのが重要だと思います。よく顔を合わせていれば必ず打ち解けられるというものでもないですが、あまり話したことのない人や初対面の人といきなり打ち解けるのは簡単ではないでしょう（僕は苦手です）。こういう素朴な意味でも、継続的な学びの場が大切だと感じます。

第3章で「安心できる関係」について書きましたが、それは私たち自身の学びの場にもほしいものです。たとえば何かを質問するとき、「的外れかな？」「恥ずかしいかな？」と、心配しなくてすむ雰囲気があるとうれしい。そんな安心できる場を、身近なところにつくっていきたいものです。

◉仲間とのつながり◉

小さな場で継続的に話しあい、学びあうことのよさは、単に勉強になるということだけではありません。学びをつくる過程そのものが、仲間どうしの関係を深めたり、仲間を広げたりすることになります。何かの事情で、学びの場が途切れたり、自分がそこに参加できなくなったりしても、仲間とのつながりは続いていくものだと思います。

就職・結婚をして、僕と妻が東京を離れるとき、九条のみの会の仲間の一人が、結婚祝いの冊子に文章を寄せてくれました。

九条のみの会は、すばらしくおもしろかった。ハンドマイク宣伝も、作った垂れ幕にポスターも、その後の鍋会も脱線しまくりの討論会も、あの古びたアパートにぎゅうぎゅうになって、みんなで未来をそうぞうしながら話したことが、いつかどこかに繋がっていけたらいいなぁ、なんて思います。

彼女の文章は、「いつまでも夢を持って頑張ろうね！」と結ばれています。今はほとんど会うことがなかったとしてさえ、遠くでがんばっている仲間がいると信じられることは、自分自身の支えになると感じています。

第8章　書く

◉実践を書く文化◉

何年も前のことですが、半年に一回くらいの頻度でロンドンに行っていた時期があります（省エネ等の観点から反省して、今は飛行機には乗らないようにしています）。イギリスの知的障害者教育について調べていて、障害のある青年・成人が通うカレッジを訪問したり、大学図書館で資料を集めたりしていました。

イギリスのことを調べながら感じたのは、実践の様子について記された文献が少ないということでした。概説書、調査報告、政策提言などはあるのですが、実際の学習の中身や学生の様子がわかるものをほとんど見つけられなかったのです。具体的な活動の内容がうかがえるのは、マニュアル本ともいえるような手引書くらいでした。一人ひとりの名前が出てくるような実践報告を思いだすことができません。

探し方が不十分だった可能性もありますし、障害のある人の継続教育の領域に特有のことなのかもしれません。けれども、僕の見聞の限りでは、イギリスの教育に関して広くみられる傾向のようにも思われました。

それに対して、日本では、いわゆる「ハウツー本」も多いとはいえ、学校や施設の実態や実践が少なからず文字にされてきています。実践の記録・報告がたくさん書かれているのは、もしかすると日本の教育の特徴なのかもしれません。その当否はわかりませんが、いずれにしても、実践を書くという文化は、〝あるのが当たり前〟のものではなく、守り育てるものなのだと、強く感じたものでした。

◉実践づくりと実践記録◉

実践を書くことは、主体的に実践をつくっていくことと深く結びついているように思います。手引書に従って決まった手順を実行するのであれば、その「実践」について書くということにはなりにくいでしょう。実践の担い手たちが自ら考え、振り返り、経験を交流する営みのなかに、実践を書くということがあるのだと思います。

日本においては、教育の実践記録についての議論が少なからず重ねられてきました。[1]また、福祉の分野に関わっても、実践記録の重要性が語られてきました。[2]そうした議論や実践記録そのものの蓄積は、とても貴重なものだと思っています。

僕自身は、自分の実践を文章にまとめた経験はほとんどありませんが、書くことを仕事や生活の重要な部分にしている身ではあります。ここでは、そうした自分の経験もふまえながら、少し広く、書くことの意味について考えてみたいと思います。書くに値するものは、取り組んだ実践だけでなく、印象に残った子どもたちの姿、小さな発見、日々の自分の思いなど、幅広くあるのではないでしょうか。

◉記録すること◉

自分自身のことでいえば、いかにも仕事として書く論文や文章のほかにも、定期的・日常的に書いているものがあります。たとえば、全障研京都支部の毎月のニュースでは、何年か前から「おんぶにだっこ」というコーナーを書かせてもらっています。僕には保育所に通う2人の子どもがいるのですが、そんな自分の子育てに関わる600字程度のエッセイです。泡立つウンチの話とか、千変万化する寝姿の話とか、バリカンで家族みんなが丸刈りになった話とか、そういうことを書いています。

1）坂元忠芳（1980）『教育実践記録論』あゆみ出版、など
2）大泉溥（2004）『生活支援のレポートづくり―実践研究の方法としての実践記録』三学出版、など

申し訳ないくらい、たわいのない中身が多いのですが、僕自身にとっては、このエッセイの存在が思った以上にありがたいのです。毎回の締め切りに合わせて書いていると、いつの間にか子どもの成長記録ができています。写真のアルバムのようなものです。ときどき読み返すと、「道端の木の実をよく採っていたな…」「動物図鑑にかじりつきだったな…」などと、その頃のことを思いだします。

僕は、文章で読んだことはわりと覚えているほうだと思うのですが、目の前で起きたことはどんどん忘れていきます（子どもたちのしたことや言ったことを再現するかのように語る実践家の方に出会うと、「すごいなあ」と心の底から思います）。ですから、書いておくことが助けになります。改めて言うまでもないことですが、記録を残したり、記憶に留めたりする手段として、やっぱり書くことは大切なはずです。

◉意識すること◉

書くことで、日常のできごとに意識的になりやすいようにも思います。月一回たわいのない話を書いているだけでも、子どものふるまいを意識する度合は強まります。「何を言っていたかな」「最近の〝はやり〟は何かな」「何かおもしろいことはなかったかな」といったネタ探しをするわけです。

そういう意味では、保育所の連絡帳なども、同じような面があると感じています。所定の用紙に「子どもの様子」という欄がありますが、そう毎日のように特筆するようなことが思い浮かぶはずもありません。「何かあった？」「あのことは前に書いたよね…」と、親二人で言いあいながら書くこともあります。率直に言って大変なのですが、連絡帳を書くことで、子どもとの生活を振り返ることになります。それも悪くないかな、というのが今の感覚です。

障害児教育の大ベテランである竹沢清さんは、「忙しい毎日です。とても『実践の記録』どころではありません。どこから手をつけたらいいですか」という質問に答えて、「まず、連絡帳から」と書かれています。[3] 連絡帳に「キラッと光る今日の、その子の姿」を書く、ということです。実践者に向けての助言ですが、親の立場でも「なるほど」と感じています。

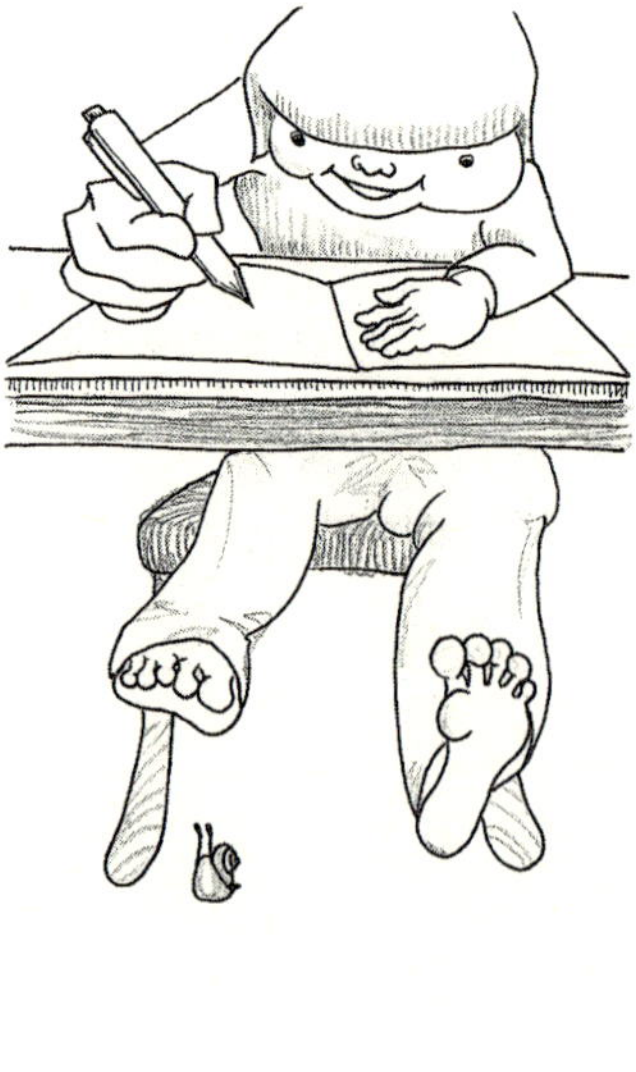

◎思考すること◎

ただし、毎日の連絡帳や短いエッセイ

3）竹沢清（2005）『子どもが見えてくる実践の記録』全障研出版部

は、考えぬいて書いているわけではありません。なかば思いつきです。一方で、まとまった文章を書くということになれば、じっくり考えることになります。

思えば当たり前のことなのですが、文章を書くというのは、多くの場合、頭のなかにあるものを文字にするという作業ではありません。むしろ、書くことによって、頭のなかが整理されたり、考えがまとまったりするのではないでしょうか。

この本にしても、考えていたことを書いているという側面もありますが、書きながら考えているというのが実際のところです。自分が表現したいことは何かを考え、途中まで書いて、それを読んで考え、さらに書いて、ということの繰り返しをしています。

書くことは、考えることと切り離せません。実践について書くことは、実践について考えることです。子どもについて書くことは、子どもについて考えることです。子ども理解や実践を深めるためにも、書くことが必要なのではないでしょうか。

◉書くことも仕事のうち◉

私たち自身の発達にとって、書くことは大切です。書くことを通して、自らが成長していきます。また、書く過程や書いたものを共有することによって、仲間とともに育っていけるように思います。

そうであるからこそ、障害のある人や子どもの発達保障を担う仕事は、本来、書いてまとめることを含まなければなりません。自分の経験や考えをまとめて仲間に伝えたり、仲間の経験や考えに学んだりすることも、仕事のうちだと思います。それらを、ごく一部の人がする〝オプション〟にしてはいけないはずです。

これは、「書くことも仕事のうちなのだから、それもがんばれ」という意味ではありません。書くことを含め、仕事のための学びが休日の自己努力に任されるような状況はおかしい、ということです。理想（目標）をいえば、労働時間を大幅に短縮しながら（半減など）、なおかつ「仕事のうち」で書くことができるよう、職場の環境が整えられなければなりません。

◎書くための工夫◎

そうは言っても、さしあたり目の前には、慌ただしい毎日があります。仕事や生活が忙しいなかでは、書くことに時間をさくのは簡単ではありません。書く習慣や文化を育むためには、いくらかの覚悟と工夫が必要です。

さきほど触れた連絡帳のように、日常的に書く必要性のあるものを意識的に活用するのも一つの方法でしょう。それに加えて、書くことが求められる状況に自分の身を置いたり、書くことを自分に課したりすることも考えられます。無理をして自分を追いつめてはいけませんが、適度な縛りを自分にかけるのはよいかもしれません。

少人数で集まる学びの場は、書くきっかけにつながるという点でも大切だといえるでしょう。書くということは、基本的には誰かに見せることを前提にしています。仲間に読んでもらう場がなければ、書く意欲も起こりにくいものです。

全障研の全国大会も、書くことのきっかけにすることができます。全国大会では、各地からのレポートをもとにテーマ別の分科会がもたれます。まだ参加したことがないという方も、毎年のように参加しているという方も、次回の全国大会について、レポートの持参を考えてみてはいかがでしょうか。

コラム4　言葉と意識

私たちが話したり書いたりするとき、言葉を使います。言葉は、私たちの意識を反映するとともに、私たちの意識に影響を与えます。だからこそ、言葉を大切にしたいと思います。

たとえば、「保育」と「保育サービス」とでは何が違うのか。そういったことについて、私たちは十分にこだわる必要があると思います。

＊

障害のある人や子どもを「サービス」「利用」「提供」といった言葉が取り巻いている現状に、僕は違和感や危機感を覚えています。人間味に欠けた商売の臭いがするからです。障害のある人の生活や発達を支えるための制度のあり方が、商品の売り買いに近い仕組みに変えられてきている。そのことは、言葉の使われ方と深く関係している。そう思っています。

「サービス」等の言葉そのものに悪い意味はないかもしれません。けれども、「○○小学校はサービスの質の向上に努めています」「○○特別支援学校は利用者に質の高いサービスを提供しています」などと言われると、違和感をもつ人が多いのではないでしょうか。そうだとすれば、その理由は何でしょうか。

今のところ、学校教育を「サービス」と呼ぶことは一般化していないと思います。学校に通う子どもが「利用者」と呼ばれることも少ないはずです。それでは、どうして、放課後等デイサービスは「サービス」と呼ばれ、そこに通う子どもは「利用者」と呼ばれるのでしょうか。学校教育の場では違和感をもつ言葉に、「障害児支援」の場では違和感を抱かないことがあるとすれば、その背景にはどのような意識があるのでしょうか。

＊

障害のある人や子どもに関わっては、「障害福祉サービス」「サービス等利用計画」などのように、制度的に「サービス」「利用」「提供」といった言葉が使用されています。「サービス管理責任者」「利用者負担」などの言葉を用いなければ、関係者で意思疎通をすることが困難です。そのため、それらの言葉の使用を避けにくい状況があります。

ただ、ある言葉をやむをえず使う場合であっても、言葉が飛び交う以上、その言葉は私たちの意識に何かしらの影響を及ぼすことでしょう。言葉を発する側が注意深く言葉を選んでいたとしてさえ、言葉は半ば独り歩きして、言葉を受け取る側の意識に働きかけます。そうしたことについて、考えておかなければいけないと思っています。

▼言葉についていえば、英語、アルファベット、カタカナ言葉の多用も避けるように心がけています。世界で英語が支配的になってきた経緯（歴史）も関係して、「英語がかっこいい」という感覚への反発があります。また、英語やアルファベットの理解に困難のある人のことも、忘れてはならないように思います。

第9章　疑う

◉宿題は必要？◉

この数年、時間を見つけては、学校の宿題についての研究に取り組んできました。障害のある子どもと保護者が宿題に苦労する例が少なくないことが出発点でしたが、考えるうちに、宿題に対する疑問が大きくふくらんでいったのです。

そもそも、宿題というのは曖昧なところの多いものです。宿題は、私たちの社会に広くはびこっていながら、日本ではほとんど研究の対象にされてきませんでした。宿題の目的についても、学力の育成なのか、学習習慣の形成なのか、その両方なのか、共通理解が十分にあるわけではなさそうです。宿題の効果についても、それを明らかにした研究を僕は知りません（米国では、「小学生にとっての宿題の効果は根拠不十分」ということが、丁寧な研究によって示されています）。疑問は尽きません。家庭環境の影響を受けやすい宿題は、困難な状況にある子どもを不利な立場におき、格差の拡大をもたらすのではないか…。国家権力の末端という性格をもつ学校・教師が、学校の外における子どもと家族の生活を指図してよいのか…。学級全員に同じ課題が与えられることの多い宿題は、「子どもに合った教育」という理念に合致するのか…。

一方、調べるなかではっきりしてきたのは、宿題の罪深さです。宿題は、子どもを苦しめるだけでなく、教師と保護者の負担を増やし、家族の衝突を引き起こします。「宿題を苦に自殺？」といった新聞報道がなされたことは、戦後の日本において一度や二度ではありません。子どもが宿題をしてこなかったことが、教師による体罰・暴力のきっかけになることも多いようです。

宿題の廃止・禁止を真剣に議論するべきではないか。これが今のところの僕の結論です。私たちの日常に定着しているものであっても、疑問の目を向けてみると、その必要性や正当性は怪しくなることがあるのです。

◉〝当たり前〟を疑う◉

残念ながら宿題の問題は扱われていないのですが、〝当たり前〟に疑問を呈しているものとして、『学校珍百景』という本があります。[1]「日直はいらない」「『朝の会・帰りの会』はいらな

1）塩崎義明編著（2014）『学校珍百景―「学校あるある」を問い直す』学事出版

い」「感想文はいらない！」「貼り紙はいらない！」など、挑発的とも思えるような項目が目次には並んでいます。

日直が本当に必要ないかどうかはさておき、この本のおもしろさは、学校を「つっこみどころ満載な『珍百景』の宝庫」とみて、学校にある常識を疑っているところにあります。ただし、その「つっこみどころ」を単に笑いのネタにするものではありません。冬でも半袖短パンで体育をする文化は、問答無用で子どもたちを教師の指導に従わせる管理体制と関係しているのではないか…。「おしゃべりをしている人が3人いました」という投げかけは、連帯責任を用いた脅しではないのか…。子どもたちの視点に立って学校の「珍百景」を見つめ直し、そこから生まれる気づきを大事にしようとするものだといえます。

学校のことに限らず、一度は疑ってみるべきものが、日々の仕事や生活のなかには多くあるのではないでしょうか。疑ってみることで、新しい見方に気づくことがあります。私たちが認識を発展させ、成長・発達していくうえは、「疑う」という姿勢がとても大切なのではないかと思っています。

◉〝大きな流れ〟を疑う◉

日常の小さなことだけでなく、私たちの社会を覆う風潮も疑ってみなければなりません。

たとえば、2020年に開催される東京オリンピック・パラリンピックについて考えてみましょう。エンブレムや新国立競技場をめぐる問題については、社会的関心も集まり、批判もありましたが、オリンピックそのものに対する疑問や批判は少ないように思います。けれども、オリンピックが実際に果たす役割を考えるとき、東京大会に限らず、僕はオリンピック自体の必要性に懐疑的にならざるを得ません。

あまり知られていないようですが、全国の大学・短大の多くは、東京オリンピック・パラリンピック競技大会組織委員会と連携協定を結んでいます（結ばされています）。その数は、2015年12月の時点で800校近くに及びます。組織委員会の会長である森喜朗元総理大臣の名前で、各大学に申し入れ文書が届いたようです。

僕が怖いと思うのは、政府・財界が推進する国家規模の事業について、大部分の大学が協力を約束させられていることです。「連携」の中身は未だ具体的ではありませんが、協定書をみると、たとえ

ば「オリンピック教育の推進や大会機運の醸成等」を行うこととされています。特定の方向に向けて人々を教育すること、特定の雰囲気を生み出すよう人々を扇動することが求められ、その役割を大学等が受け入れているように思えます。

政府側の意向に沿って大学等が動員されていく仕組み・体質がつくられていくことに、僕は強い危機感を覚えています。今回は「オリンピック」ですが、それが「防災」や「テロ対策」に変わり、「防衛（という名の戦争）」に変わっていくことは、十分に考えられます。「オリンピックは平和の祭典だ」などとは言っていられません。東京オリンピック・パラリンピックの開催は、日本が戦争をする国になっていくことと無縁ではないと、僕は考えています。

◉流行語に気をつける◉

社会の風潮に流されないための心がけとしては、流行語に気をつけるということがあると思います。長時間労働と育児との両立を迫る「イクメン」、多数派に都合よく用いられる「民意」など、流行語には危険な要素がたっぷりです。

障害のある人や子どもに関係の深い言葉でいえば、「絆」があります。２０１１年の東日本大震災以降、盛んに使われるようになりました。もちろん、言葉の辞書的意味が悪いわけではなく、絶対に使ってはいけない言葉というわけでもありません。しかし、現在の日本で「絆」がもてはやされることについては、警戒が必要です。「絆」という流行語の陰には、「行政に頼らずに家族や地域住民で支えあいなさい」というメッセージが見え隠れするからです。

生活困窮者の支援に携わってきた稲葉剛さんは、「家族や地域の『絆』を強調することで国の責任を後退させようとする考え方」があると指摘して、そうした考え方を「絆原理主義」と呼んでいます。[2] この「絆原理主義」は、現在の日本において、政策的に押しつけられようとしているものです。稲葉さんも言及しているように、自民党が２０１２年に発表した憲法改正草案では、「家族は、互いに助け合わなければならない」という条文の新設が示されています。そして、この条文について自民党の「日本国憲法改正草案Ｑ＆Ａ」をみると、「親子の扶養義務」を強固なものにしていく意図のあることがわかります。家族に頼らなければ暮らしが成り立ちにくい状態を、克服するのではなく強化するような方向が、憲法上に明文化されようとしているわけです。「絆」の称賛は、そのことと結びついています。

使われる言葉と使う言葉に敏感であるよう、私たちは努力する必要があると思います。ある言葉が流行することに裏はないのか、疑ってみなければなりません。

◉〝自分たち〟を疑う◉

同時に、私たちが疑わなければならないのは、周囲の慣例や社会の風潮だけではありません。

2）稲葉剛（2013）『生活保護から考える』岩波書店

特に重要なのは、自分が正しいと考えていること、当然と思っていることについて、ときには疑ってみることだと思います。信頼している仲間の言うことも、鵜呑みにはしないほうがよいかもしれません。

『みんなのねがい』の母体である全障研は、名称に「研究会」とあります。実際には「学習会」を開くことも多いわけですが、「学習会」ではなく「研究会」であろうとする姿勢が大事な気がしています。まとまった理論・知見・情報を受け取るだけでなく、仲間どうしで議論しながら、より豊かな認識を主体的に探究していく過程が求められるのだと思います。そして、その過程のなかに、「疑う」ということも位置づくはずです。

この本についても、ぜひ疑いの気持ちをもちながら読んでいただけたらと思います。書き手としては、「なるほど」「その通り」と共感していただけると当然うれしいものですが、「本当かなあ?」「これは違うんじゃない?」と考えていただくことも大切だと思っています。

◉実感を大切にする◉

疑問の源の一つは、自分の実感です。宿題についての疑問も、「宿題があると大変だ」という素朴な実感から始まります。オリンピックについての疑問も、「日本選手を応援するのが当然という雰囲気は気持ち悪い」という感覚が背景にあります。個人の実感だけで物事を判断するのは危険ですが、実感をむやみに押し殺さなくてもよいはずです。

教育や福祉をめぐる問題についても同じです。「保護者会の活動や保護者どうしのつながりは大切」というのが正論であるとしても、「親どうしの付き合いが煩わしい」「保護者会の集まりが負担になる」という実感を隠す必要はありません。「人間の発達には労働が欠かせない」と語られるからといって、「仕事がつらい」「あまり働きたくない」「別のことがしたい」という気持ちから目を背けることはありません。通説や権威、多数派の意見などで、自分の実感を抑えこむ必要はないのです。

実感や直観をもとに私たちの認識を練り直しながら、より豊かな認識に近づいていけばよいのではないでしょうか。

コラム5　レンタルおむつ

第8章で書いたように、僕には2人の子どもがいて、どちらも0歳のときから保育所に通っています。保育所では布おむつで過ごすことになっているので、上の子のときは、大量の布おむつを袋に詰めこんで家と保育所を往復していました。多いときには布おむつが15枚におむつカバーが5枚というような日もあり、服やらズボンやらもあるので、修学旅行のような大荷物になっていました。

ところが、上の子がもうすぐ2歳児クラスになろうとする頃、新年度から布おむつをレンタル制にすることを保育所が決めました。保育所を介して保護者が業者と契約をして、保育所では業者が貸し出す布おむつを使うということです。子どもの年齢に応じて金額は変わるのですが、0歳児クラスだと月5000円くらいになります。原則として全員がレンタルおむつになるのは新入園児だけで、我が家に当面の影響はなかったのですが、〝だったらいいや〟というものではありませんでした。

たしかに〝毎日が修学旅行〟は大変です。洗濯物も大量になりますし、特に冬場は乾きが悪くて困ります。保育所以外では紙おむつを使っているという家庭にとっては、保育所のために布おむつセットをそろえるのは負担かもしれません。でも、ただでさえ高い保育料のうえに、さらに何千円もの追加費用があってよいのでしょうか。保育料が月3000円くらいの家庭に月5000円のおむつ代を求めることは許されるのでしょうか。保護者が知らない間に決められて3月に知らされるのはどうしてなのでしょうか。おむつの洗濯という家事を簡単に業者に投げてしまってよいのでしょうか。いろいろな疑問がありましたが、ささやかな抵抗もむなしく、下の子はレンタルおむつで保育所生活を送ることになりました。

布おむつがレンタル制だと、送り迎えや洗濯は楽になります。ほっとする思いがないわけではありません。けれども、僕は今でも納得がいかない気持ちを抱えています。とりわけ問題だと思うのは、保育料と違い、おむつ代の負担は家庭の経済力に関係なく一律に発生することです。家庭によっては保育料よりも高額になります。年収６００万円の家庭にとっても年間6万円のおむつ代は安くないと思いますが、年収３００万円の家庭が年間6万円のおむつ代をとられることはあまりにも理不尽ではないでしょうか。

保育に関わる費用負担のあり方、物事を決める手続きのあり方、家庭の経済的格差、家事を外部化する生活様式をめぐる問題…。布おむつのレンタル制という身近なものごと一つをとってみても、疑問をもつことで、たくさんのことを考えさせられます。

▼「実費負担」は、障害のある人や子どもの生活にも深く関係する問題です。食費・おやつ代が負担になるから○○に通えない、交通費のかかる活動には参加できない、といったことがなくてすむ世の中にしたいものです。

第Ⅲ部

社会の発達をめざして

第10章　権利

私たちは椰子の木のように高く正義を掲げなければなりません。

キューバの英雄、ホセ・マルティが演説のなかで語ったとされる言葉です[1)]。マルティは、19世紀後半を生き、キューバの独立のために闘いました。1950年代のキューバにおいて、親米独裁政権の打倒に立ち上がったフィデル・カストロは、その指導者を問われたとき、「ホセ・マルティである」と答えたといいます。

◉キューバがめざしたもの◉

10年近く前になりますが、新婚旅行と称してキューバに行きました。大学にいたるまで教育が

1）エルミニオ・アルメンドロス（1965／1996）
『椰子より高く正義をかかげよ―ホセ・マルティの思想と生涯』
神尾朱実訳、海風書房

無償である国、高水準の医療がみんなに保障されている国、野球をはじめとしてスポーツが盛んな国、音楽に満ちた国、映画・美術などの文化が大切にされている国、貧しくても人々が支えあってきた国、自然環境への負荷の少ない生活が営まれている国…。そう語られる国の空気に触れてみたかったのです。

１９５９年に革命政権が成立した後、長年にわたりキューバ政府の先頭に立ってきたフィデル・カストロは、ある演説において、障害児者のことに触れています[2]。ソビエト連邦が崩壊し、キューバが困難な環境に置かれたときのことです。困難を前に帝国主義に屈服するならば、人々に分配されてきた土地はどうなるのか、保育園や学校や大学、すばらしい保健制度や家庭医制度、障害のある人への保障、多くの人が学ぶ「特殊学校」はどうなるのか…。カストロは、そう語りました。障害児者の教育・医療・社会保障は、キューバが誇りとするものだったのでしょう。

2）後藤政子編訳（1995）『カストロ 革命を語る』同文館出版

近年では、米国との「国交正常化」に向けた動きにもみられるように、金もうけ主義の大波がカリブ海の島国を襲っている印象があります。けれども、キューバは、何十年も、米国が企てた武力侵攻・テロ・要人暗殺工作・内政干渉・経済封鎖と対峙しながら、人間を大切にする社会を求めてきました。そんな国の存在を、僕は記憶したいと思います。

◉弱気な主張◉

私たちは椰子の木のように高く正義を掲げなければなりません。

その精神は、現在の日本において、とても大切になっていると思います。堂々と正義を掲げるのではない、弱気な主張が目立つからです。たとえば、子どもの貧困をめぐっても、次のようなことが語られます。

子どもの貧困に対する政策は、短期的には社会への見返りはないかもしれない。しかし、長期的にみれば、これらの政策は、その恩恵を受けた子どもの所得が上がり、税金や社会保険料を支払い、GDPに貢献するようになるので、ペイするのである。すなわち、子どもの貧困対策は「投資」なのである。[3)]

3）阿部彩（2014）『子どもの貧困Ⅱ―解決策を考える』岩波書店

著者の阿部彩さんは、子どもの貧困への社会的関心を高めることに重要な役割を果たしてきました。ここで引用した著作も、子どもの貧困を解決していくための方策を真剣に考えるものであり、多くの人に読まれるべき本だと思います。

それでも、子どもの貧困への対策を「投資」と呼ぶことについて、僕は納得ができません。将来の社会への「投資」だから、子どもの貧困に手が打たれなければならないのでしょうか。そんなことはないはずです。財政的な視点からみれば「出費」でしかなかったとしても、子どもの貧困の解決に向けた施策は進められなければなりません。すべての子どもに、豊かな生活のなかで発達していく権利があるからです。「投資」になるかどうかは、本来、重要な問題ではありません。

◎本筋をぼやかさないこと◎

貧困対策が「投資」という側面をもつのは事実でしょう。貧困対策に消極的・否定的な人に対して、その事実を示す意味はあるのかもしれません。幅広い人を説得するために、主張を工夫することを、全否定はしません。しかし、本筋から外れた主張が繰り返されるならば、大切な本筋が見失われてしまうのではないか。そんな思いを強くもちます。

話は少し変わりますが、原子力発電をめぐっても、弱気な反対論がみられるように思います。

たとえば、「原発は高コスト」であることを指摘する議論があります。「原発は低コスト」という宣伝への批判は必要なのかもしれませんが、仮に「低コスト」であれば原発を活用してよいかといえば、そんなはずはありません（そもそも「コスト」で物事を判断する思考が危険です）。また、「原発から○キロ圏内に○万人が住んでいる」といったことが言われることもありましたが、「人の少ない地域でなら原発を動かしてよい」ということにはならないでしょう。原発事故を想定した避難計画の不備をめぐる問題についても、立派な避難計画があればよいかといえば、全然そんなことはありません。原発批判の主張も、場合によっては、原発の本質的な危険性や問題性を曖昧にする可能性があるように思うのです。

同じようなことは、「消費税の増税は経済成長を阻害する」「戦争でテロはなくせない」という善意の主張にもいえます。「経済成長が促進されるなら消費税を増税してもよいの？」「テロをなくせるなら戦争をしてもよいの？」と問うならば、「経済成長が阻害されること」「テロをなくせないこと」は、増税や戦争に反対する理由の核心ではないことに気づくはずです。

繰り返しのようになりますが、文脈に応じて主張の仕方を工夫すること自体がよくないとは思いません。ただ、相手の土俵に乗るような弱気な主張は、私たちの理性と感性をどんどん蝕んでいきます。そのことの危険性はみておかなければなりません。また、何より、強気な主張が難しくなりつつある社会状況、堂々と権利を主張するのをためらわせるような社会状況について、十分に自覚的になる必要があると思います。

◉人権否定の改憲論◉

私たちの社会は、かなり危険なところに来ています。権利を高らかに主張するのが困難な雰囲気がつくられてきているばかりか、人権や権利を正面から否定するような議論がのさばりつつあります。その典型的な表れといえるのが、２０１２年に自民党が発表した憲法改正草案です。

それを読むと、第12条には、「自由及び権利には責任及び義務が伴うことを自覚し、常に公益及び公の秩序に反してはならない」とあります。また、第13条では、「生命、自由及び幸福追求に対する国民の権利については、公益及び公の秩序に反しない限り、立法その他の国政の上で、最大限に尊重されなければならない」とされています。

一般に、人権は、「人間が生まれながらにもつ権利」として説明されます。しかし、憲法改正草案に従えば、「自由及び権利」は、「責任及び義務」を果たすことと引き換えに認められるものになりかねません。「責任及び義務」を果たしていないと（政府等に）みなされた人には、「自由及び権利」が保障されないことになりそうです。

さらに、憲法改正草案によれば、権利は、「公益及び公の秩序」に反しない範囲に制限されます。自民党の「日本国憲法改正草案Ｑ＆Ａ」をみると、第12条や第13条に関して、「憲法によって保障される基本的人権の制約は、人権相互の衝突の場合に限られるものではないことを明らかにしたもの」と説明されています。権利の制約を強化する方向が明示されているのです。権利の制約には「公益及び公の秩序」が関係してくるわけですが、日本という国は、憲法の解釈でさえ自分たちの都合で変えてしまう勢力が権力を握ってきた国です。「公益及び公の秩序」が政府によって好き勝手に解釈されない保証は全くありません。

憲法改正草案について、これ以上ここで述べる余裕はありませんが、人権を実質的に否定する憲法がつくられようとしているのだと、僕は考えています。

◉権利を高く掲げよう◉

発達保障の考え方のなかでは、「権利」が重く位置づけられてきました。「発達保障」の語については、「発達を権利として保障すること」として、「権利」を挿入する説明がよくされます。また、『みんなのねがい』の題字の脇には、ずっと、「障害者の権利を守り、発達を保障するために」と記されてきました。ここにも「権利」の二文字があるのです。

権利というのは、堂々と主張してよいものだと思います。国や自治体や組織の財政事情を最初に気にする必要はありません。私たちは、権利の主体です。自分自身と仲間の生活こそ、第一に気にかけるべきものです。必要なものについては、必要だと言いましょう。

権利を実現する具体的な方法をあらかじめ知っている必要はありません。「おいしい給食が食べたい」「広い場所で遊びたい（遊ばせたい）」「ゆっくり仲間とおしゃべりがしたい」「お金の心配をせずに病院に行きたい」「たまには温泉につかりたい」「親元を離れて暮らしたい」「心地よい布団で眠りたい」…。それらは、自然な〝ねがい〟です。まずは私たちの〝ねがい〟を表明し、共有しましょう。

遠慮する必要はありません。「もっと大変な人もいる」というのは、権利をあきらめる理由にはなりません。「もっと大変な人」の権利もいっしょに求めていきましょう。

自己責任ですませる必要はありません。「自分にも落ち度がある」と思い悩まないようにしましょう。権利は、非の打ちどころがない人だけのものではありません。

権利を高く掲げましょう。

第11章　理想

◉理想の生活は？◉

大学の講義で「ノーマライゼーション」の話をするとき、学生のみなさんに自分自身の理想の生活を考えてもらうことがあります。30歳になったと想定して、理想の一日と一週間のスケジュールを一人ずつ書いてもらうのです。「人間らしいノーマルな生活」について考えるための作業です。実現しそうかどうかは無視して、とにかく理想を書いてください、と説明します（みなさんなら、どのような生活を描くでしょうか？）。

講義では、書いてもらったものをいくつか前で紹介しながら、ある程度の共通点があることを確認します。ほとんどの人は日中に仕事をしている、友人との時間や趣味の時間もある人が多い、

（親ではなく）結婚相手や子どもと暮らしている人が多い…（〝そうでなくてもよい〟ことにも触れます）。それらをふまえて、知的障害のある人の生活にみられがちな現実について考えるわけです。

みんながどんな理想を描くのか、そこに興味があってしている面もあるのですが、やってみて驚いたのは、〝現実的な理想〟を書く人が少なくないことです。どういうことかというと、たとえば、ある人は、平日の朝8時には職場に向けて家を出て、18時に帰宅します。そして、夕食の後、テレビを観たり入浴をしたりするだけでなく、仕事の準備をします。そうやって週5日を過ごし、土曜日と日曜日は家族との時間になるのですが、土曜日には仕事の残りをすることになっています。

最初は、「うまく説明が伝わっていなかったのかな？」とも思いました。けれども、それだけではない気がします。理想を描くということは、必ずしも簡単ではないのかもしれません。私たちの理想は、多かれ少なかれ現実に影響されます。かなり意識的にならないと、現実に縛られてしまって、めざすべき理想を自由に思い描くことが難しくなってしまうのではないでしょうか。

発達保障のためには、それにふさわしい社会や生活のあり方を考える必要があります。しかし、現状を当然のことのように思いこんだり、実現可能性にとらわれすぎたりすると、夢がふくらまず、本来めざすべきところが浮かんできにくいように思います。

◉モリスの描いた理想社会◉

19世紀のイギリスを生きた工芸家・思想家であるウィリアム・モリスは、物語のかたちで、自分が理想と考える社会の姿をいきいきと描き出しました。日本でも『ユートピアだより』として紹介されています[1]。

主人公である初老の男性は22世紀のロンドンに目覚めるのですが、そこは実に美しい世界です。川にはきれいな水が流れ、石のアーチの優美な橋がかかっています。木材と漆喰《しっくい》でできた田舎風の家々はよいデザインで、草木の茂った庭に囲まれています。そして、女性たちは苦労の影をもたず、誰もが若々しくて美しい。「現代風」な服装はなく、人々は華やかな装いをしています。

新しい社会では、政府がなくなり、国会議事堂は肥料貯蔵所になっていました。軍隊や牢獄はありません。学校も消え去っています。また、貨幣も存在しておらず、仕事や品物に対価が期待されることはありません。仕事は喜びとなっているのです。煙を吐く工場はなくなり、人々は小さな作業場で手仕事をするようになっています。

男性に都合のよい妄想のように思われる部分もあるのですが、そのあたりはさておき、肝心なのは、モリスが描く理想社会の方向性です。注目すべき点は、ありがちな未来社会像とは発想が根本的に違っていることです。モリスが語る新しい社会は、高層建築が立ち並ぶわけでもなく、

1）ウィリアム・モリス『ユートピアだより』川端康雄訳、岩波書店、2013年

空飛ぶ乗物が行き交うわけでもなく、便利な機械や優秀なロボットがあふれているわけでもありません。科学技術が高度に発展し、大量生産が効率よくなされる社会ではないのです。

それどころか、機械は、増えるのとは逆に、一つ、また一つと、姿を消していっていました。水門についても、見苦しい機械式水門は使われなくなり、旧式の溜池式水門が使われています。川を行く舟も、推進装置を備えたものではなく、帆をかけた舟や手漕ぎの舟です。また、主人公は、元の世界にあった「蒸し風呂のような地下鉄」などには乗りません。馬車に乗り、舟を漕いで、新しい社会を見て回るのです。

◉めざすところの大切さ◉

未来を『ドラえもん』の世界のように考える場合、高層ビルが立ち並ぶ東京の風景は、未来の先取りに見えるかもしれません。新幹線の延伸やリニアモーターカーの実用化も、理想の未来に向けた着

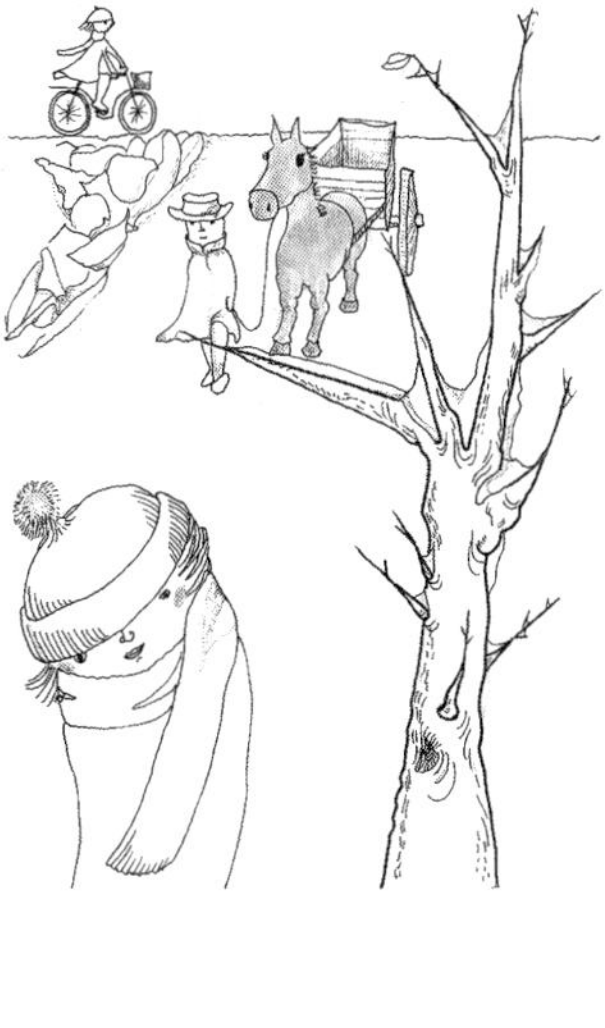

実な前進のように思えるかもしれません。しかし、モリスのような考え方に立つならば、東京の夜景などは、見ているだけで気が滅入るほど、醜く不気味なものに映ることでしょう。金属の箱に乗って高速移動することも、ばかげたことに思えてくるのではないでしょうか。

理想のもち方によって、目の前で起こることに対する姿勢が変わってきます。理想とする社会像が重要なのは、それが、数百年後の問題であると同時に、現在の問題であるからです。目的地をどこに定めるかによって、次の一歩の向け方が違ってくるのです。

身近なことで考えても、そのことは理解できると思います。たとえば、子どもの身辺自立をとりわけ重視する場合と、子どもが熱中して遊んだりしながら充実感をもって生活することに重きを置く場合とでは、先生の子どもとの関わり方は各場面で変わってくるのではないでしょうか。先生から保護者に伝えられる内容も違ってくるように思います。「子どもや保護者にどう関わるか」といった具体的方法の前に、それを考えるためにも、「何をめざすのか」を問うことが大切になってきます。

それなのに、実際には、めざすべきところについての熟慮や議論がないがしろにされることは少なくない気がします。「どうすれば教室で席に座っていられるか」が問題にされるとき、「何のために席に座るのか」が視野から抜け落ちてはいないでしょうか。「安心・安全な（学童）保育」が言われるとき、安心と安全を土台にして何を追求していくのか、十分に考えられているでしょうか。

僕の職場である教育大学でも、政府・文部科学省の方針のもと、教員就職率の数値目標が定められ、その達成が大学全体の使命として半ば絶対化されています。学内の議論は教員就職率を高める方法に向かいがちで、設定された目標の妥当性は問題になりません。どのような教員の養成をめざすのか、どういう社会的役割を大学が果たしていくのかなど、教員就職率以外のことへの関心は薄れつつあるように思います。

個人についても、施設や組織についても、めざすところを考えておくことは、本来とても大切です。同じように、社会のあり方についても、理想を描き、あるべき姿を構想していくことが求められるのではないでしょうか。

◉4時間労働の社会◉

それでは、発達保障という観点からは、理想の社会像をどのように描くことができるでしょうか。みんなの発達が保障される社会を実現するためには、何が求められるのでしょうか。多くのことが必要になるはずですが、僕は、特に重要なこととして、労働時間の大幅な短縮があると思っています。理想とまではいえませんが、当面は、一日あたりの労働時間を4時間くらいまでに抑えていくことを追求しなければならないと考えています。

4時間労働の社会というのは、僕の思いつきではありません。20世紀後半にフランスを中心に活躍した思想家のアンドレ・ゴルツは、年1000時間労働を現実的な目標として提案していました。[2] 一年に1000時間の労働というのは、一日に4時間の労働というのとほぼ同じです。ゴルツの提案は、「より少なく働き、より良く生きる」ことをめざすものでした。また、さらに時代をさかのぼると、19世紀後半のフランスにおいて、社会主義者のポール・ラファルグは、一日あたり3時間を労働時間の上限とすることを求めました。[3] ラファルグは、労働者たちが労働に「愛」や「情熱」を示し、働く権利を要求することを厳しく批判しながら、「怠ける権利」を主張したのです。彼は、「一日三時間しか働かず、残りの昼夜は旨いものを食べ、怠けて暮らすように努めねばならない」と述べています。

4時間労働の社会が実現すれば、くつろいで過ごせる時間が増えるとともに、いろいろな活動を経験したり、何かに打ち込んだりできる可能性が広がります。本を読んだり、学習会を開いたりする時間も、もちやすくなります。芸術に親しむこと、スポーツを楽しむことも、しやすくなるでしょう。社会を良くするための多様な活動に参加していくこともできます。

もちろん、自由な時間を豊かに生きるための場や文化は必要です。テレビを観るしかない夕方や、常に孤独な休日は、私たちの発達をむしろ阻害するでしょう。労働時間を短縮すれば人間の発達が保障されるというわけではありません。とはいえ、労働時間を抑えることは、私たちの発達に欠かせない条件だと思います。

2）アンドレ・ゴルツ『労働のメタモルフォーズ』真下俊樹訳、緑風出版、1997年
3）ポール・ラファルグ『怠ける権利』田淵晋也訳、平凡社、2008年

◎僕は本気です◎

4時間労働の社会というのは、あり得ない空想と思われるかもしれません。けれども、僕は、冗談を言っているのでも、単なる願望を書いているのでもありません。

人間社会がまともな未来を迎えるためには、労働時間の大幅な短縮がどうしても必要だと考えています。手のとどかない理想とも思えるようなことを実現していかない限り、みんなの発達が保障される社会が訪れないどころか、人間社会の破局が待ち受けていると思うのです。最終章では、このことについて考えたいと思います。

コラム6　母親の就業

労働時間の短縮は、（障害のある）子どもをもつ保護者の生活にも深く関係する問題です。長時間労働がはびこる現在の日本では、特に母親にとって、就業と育児の両立をめぐる困難が大きくなりがちです。

長時間労働を固定的な前提にしたまま、母親の就業保障を進めようとすると、歪みの生まれる可能性が高くなります。場合によっては、〝外〟での子どものケアが極めて長時間になったり、夜間に及んだりすることでしょう。そうしたことは、子どもにとって必ずしも望ましいことではないはずです。また、母親が心の底から望むものだとも限りません。

池本美香さんは、『失われる子育ての時間』（勁草書房、２００３年）において、延長保育や病児保育に言及しながら、「女性も男性と同様に制約なく働くことのできる環境を整える方向」に疑問を投げかけています。そして、経済成長を目的とする「少子化対策」のもとで「子育てをする権利」が侵されていくことを問題視しています。

市場の労働力需要に生活が一方的に順応させられてしまうと、子どもと家族の生活はほとんど際限なく破壊されていきます。（障害のある）子どものケアを担う社会資源の拡充は大切ですが、それだけでは母親の就業をめぐる問題を十分に解決することはできません。

就業保障のための他の方法としては、育児や介護を担う人について、いわば例外的に労働時間の制限などを行うということも考えられます。現在の育児・介護休業法にも、「所定外労働の制限」や「短時間勤務制度」などが定められています。しかし、こうした種類の仕組みも、それだけで問題をすっきり解決するものではありません。

＊

濱口桂一郎さんは、『働く女子の運命』（文藝春秋、2015年）で「ワークライフバランス」に言及するなかで、そもそもの労働時間規制の重要性に触れています。労働時間規制が空洞化させられているところへ、育児や介護のための「労働時間の柔軟性」だけを持ち込もうとすると、いろいろ矛盾が生まれるというのです。そして、「無制限に働ける男性」を標準にするのではなく、「子供を抱えて働く女性」を「通常の労働者」として考えるべきだと述べています。

育児や介護を担うことを例外ではなく標準として位置づけ、標準的な労働時間を大幅に短縮していくことが、（障害のある）子どもをもつ母親の就業保障の基盤になるのだと思います。

＊

当面は、8時間労働が厳格に守られる社会の実現が課題になるでしょう。しかし、8時間労働制というのは、働く人が家事やケアをすることを十分に考慮したものなのでしょうか。通勤時間もありますし、僕自身の実感としては、8時間労働はあまりにも長すぎます。近しい人をケアし、「自分の時間」をもちながら、文化的といえる豊かな生活を実現していくことは、8時間労働のもとでは極めて困難だと感じるのです。

第12章　未来

われわれは皆、一つの部屋にいる。四方は壁で、床と天井はあるが、窓もなければドアもない。部屋には家具がそなえつけられていて、何人かは快適に座っているが、他のほとんどの人達はまったくそうでない。壁はしだいに内側に向かって押し迫ってきている。[1)]

メキシコの大学で哲学を講じてきたジョン・ホロウェイは、このように現代社会への危機感を表現しています。ホロウェイは、そうした状況のなかで、「壁に向かって走り、そこに亀裂もしくは穴がないものかと必死になって探そうとしたり、壁を叩いて亀裂をつくり出そうとする」のだと言います。しかし、同時に、「出口なんてないのかもしれない、われわれが見ている亀裂など幻想のなかにしか存在しないのかもしれない」「ハッピーエンドの保証など絶対ない」と述べています。

1）ジョン・ホロウェイ『革命 資本主義に亀裂をいれる』高祖岩三郎・篠原雅武訳、河出書房新社、2011年

◉経済成長と発達保障◉

ある学習会で、「経済成長と発達保障との関係はどう考えればよいのか」といった質問を受けたことがあります。「経済成長の不足が生きづらさの原因ではないし、経済成長を追い求める必要はないと思う」というような答え方をしたと記憶しています。その答えが間違っていたとは思いません。ただ、今なら、少し違う答え方をするでしょう。「発達保障のためには、経済成長の追求から抜け出さなければならない」というのが、今の答えです。経済成長の追求は、人間社会と自然環境を深く傷つけ、人間の発達どころか生存さえも脅かすことになると思うのです。

フランスの学者であるセルジュ・ラトゥーシュも、経済成長の追求が人間社会に破局をもたらすことを警告しています[2]。彼は、成長率を3％とすると国民総生産が一世紀のうちに20倍に増大することに触れながら、「われわれが生活する経済社会の過剰成長は生物圏の限界にぶつかっている。地球の再生能力は、もはやわれわれの経済的要求に応えることはできない」と述べます。そして、「全人類が、われわれフランス人のように生活するならば、三つの惑星が必要になる。もしアメリカ人の生活様式を真似すれば、六つの惑星が必要となる」と説明しています。

経済成長を追求する社会のあり方を変えない限り、教育や福祉の現場で丁寧な実践が積み重ねられたとしても、私たちの生活と発達は根底から崩されてしまう。そんな危機感をもっています。

2）セルジュ・ラトゥーシュ『経済成長なき社会発展は可能か？』中野佳裕訳、作品社、2010年。

◎労働・生産・消費◎

第11章では、労働時間の短縮について書きました。それが必要なのも、長時間労働に支えられた大量生産と大量消費が人間社会の破局につながるからです。

ジュリエット・ショアが指摘しているように、20世紀後半の米国においては、生産性の向上と労働時間の増大が並行して進んできました。[3] このような事態が自然環境に害を及ぼすことは想像しやすいでしょう。ショアは、労働・生産・消費の循環が「人間の生息場所を回復不可能な状況に追い込んでしまう」と述べています。労働は、人間社会に破局をもたらす原動力になるのです。また、生産力の発展は、社会の発達に直結しているわけではなく、人間社会と自然環境への脅威になり得ます。

ショアが「働きすぎと浪費の悪循環」について語っているように、長時間労働には新たな消費を呼び起こす側面もあります。[4] 長い労働時間のために、自らの生活に費やす時間が奪われることで、物やサービスの消費が促されるのです（たとえば、料理をする時間が削られることで、調理済み食品や外食産業の市場は広がります）。また、過酷な労働に耐えるために、健康維持や気晴らしのための消費が拡大することも考えられます。そして、増えた消費の裏には、誰かの労働があります。

3）ジュリエット・ショア『働きすぎのアメリカ人』森岡孝二ら訳、窓社、1993年
4）ジュリエット・ショア『浪費するアメリカ人』森岡孝二監訳、岩波書店、2000年

私たちが経験している労働・生産・消費のあり方は、人間社会と自然環境の健全な存続と両立しないでしょう。

◉日常の問い直し◉

こうした問題は、私たちの手にあまる大きなものにみえます。しかし、私たちの日常と深く結びつき、日常の行いによってつくられているものでもあります。

たとえば、私たちが商業化されたクリスマスに肯定的な態度をとるなら、クリスマスにまつわる労働・生産・消費は増えるでしょう（ショアによれば、相手にとって不要な贈り物で消費が増大させられています）。また、バレンタインデーを大事な日と考えることは、チョコレートをはじめとする商品の生産を促すことになるでしょう（どこで誰がどのようにチョコレートの製造や輸送に従事しているのかということに、消費者は関心を払わないかもしれませんが）。

学校における自動販売機の活用は、ペットボトル飲料や缶飲料の流通を後押しするでしょう（エネルギー・電力をめぐる問題への姿勢も問われます）。ペットボトルを用いた工作も、ペットボトルへの親近感を高めることになりかねません。また、学習会の場にペットボトルが持ち込まれることは、ペットボトルを許容する意識を強めることでしょう。

日常の行いの一つひとつが、大きな問題と無関係ではありません。おにぎりではなくパンを作ったり食べたりするとき、あるいは煎餅ではなくクッキーを作ったり食べたりするとき、そこには一つの判断があります。ユニバーサル・スタジオ・ジャパンや東京ディズニーリゾートのような、消費文化の色濃い場を訪れるとき、そこにも一つの判断があります。

もっとも、僕自身、人間社会の破局に手を貸しながら生活をしています。完全に潔白な生活をすることは極めて困難です。けれども、みんなが葛藤を失ってしまったら、人間社会は破局に突き進むことでしょう。私たちは、少しずつ（でも、急いで）、日常の生活と、それを規定している社会のあり方を、根本的に問い直さなければなりません。

◉懐かしい未来◉

現在とは異なる、別の生活のあり方を描く必要があります。

このことに関わって、スウェーデン人のヘレナ・ノーバーグ＝ホッジは、『懐かしい未来』という本を書いています。[5] ヒマラヤ山脈の西の端、ラダックに住む人々との生活をもとにしたものです。彼女は、ラダックの昔ながらの暮らしが「開発」によって変容させられていく様子を描きながら、めざすべき未来の手がかりを伝統的な生活のなかに見出しています。

ラダックの人々は、畑で作物を育て、家畜の世話をし、糸紡ぎや機織りをして、生活を営んできました。仕事は歌声や笑い声とともにあり、仕事と遊びとの間には明確な区別がありませんで

5）ヘレナ・ノーバーグ＝ホッジ『懐かしい未来』翻訳委員会訳、懐かしい未来の本、2011年

した。分単位で時間が計られることはなく、あり余る時間のゆとりがあったといいます。貧富の格差も、「開発」を経験した社会に比べると小さいものでした。

ラダックでは、すべてのものがリサイクルされるため、ゴミは存在してきませんでした。また、塩など一部のものを共同体の外部に頼る以外は、ほぼ自立した生活がつくられていました。村の規模は小さく、顔の見える間柄で関係が築かれます。人々は、相互依存の全体像をつかむことができ、そのなかでの自分の行動の影響を知ることができました。そして、人との結びつき、まわりの環境との結びつきのなかで、人々は大きな安心感をもっていました。「ラダックの人ほど落ち着いていて感情的に健康な人たちを、今まで私は見たことがなかった」と、ノーバーグ＝ホッジは書いています。

◉脱成長の道◉

ラトゥーシュも、「失われた世界に対

するノスタルジー」が社会を脱成長へ向かわせる力になると述べています。[6] そして、「江戸文化を規定していた自然界の秩序と調和する生活の中にある様々な考えと脱成長の思想との間の近似性」について語っています。ラトゥーシュが説く脱成長の道には、ノーバーグ＝ホッジが思い描くことと多くの共通点があるようです。

ラトゥーシュは、労働時間の大幅な短縮を脱成長の重要な要素とみなすとともに、人間どうしの関係から生まれる喜びや価値あるものを大切にすることを考えています。また、「再ローカリゼーション」を主張し、住民が必要とするものを地域内で生産することを重視します。「地球上の人間と商品の天文学的な移動量」に目を向けることを訴え、国際的な輸送は抜本的に削減するべきだとするのです。そして、自動車を用いる輸送システムへの批判を繰り返し、「エコツーリズム」を含む観光旅行を減らすことを求めています。

ラトゥーシュは、宣伝広告や包装の大幅な削減も必要だといいます。再利用・リサイクルの重要性にも言及しています。こうした観点からすれば、物の使い捨てをなくしていくことはもちろん、物の耐久性を上げていくことも課題になるでしょう。本については図書館があるように、物の個人所有を抑え、共同使用を広げることも考えなければなりません。消費の拡大がむしろ良いこととされる今の社会のあり方は、転換される必要があります。

6）セルジュ・ラトゥーシュ『〈脱成長〉は、世界を変えられるか？』中野佳裕訳、作品社、2013年

◉発達が保障される社会へ◉

経済成長を抑えこみ、地域開発を疑うことなしには、みんなの発達は保障されません。地球の温暖化や生物の大量絶滅は、すでに始まっています。そういう意味では、もう手遅れです。けれども、あきらめてしまうことはできません。ハッピーエンドの保証はなくても、私たちは考え続けなければなりません。行動を続けなければなりません。みんなの発達が保障される社会、懐かしい未来をめざして。

コラム7 「みんな」とは誰か？

あくまで仮定の話ですが、地球の資源をどんどん使い果たしていくことによって、今を生きている人の発達が最大限に保障されるとしましょう。その場合に、そういう〝発達保障〟が追求されるべきでしょうか。

もちろん、この問いは仮定が乱暴です。実際には、今を生きている人の発達保障と、未来を生きる人の発達保障とは、概ね同じ方向にあると思います。ただ、あえて問いを立てるとするなら、僕の答えは「いいえ」です。

障害があってもなくても、人間は平等だといわれます。障害だけでなく、肌の色、文化的背景、性、社会的・経済的な地位などに関わらず、人間はみんな、人間としての権利において平等であるはずです。そうであるなら、100年後や1000年後、あるいは1万年後を生きるはずの人と、今を生きている人とが平等であると考えることは、それほど不自然なことではないでしょう。

地球のどこか別の場所に住む人の犠牲によって、私たちが豊かな生活を得るのだとすれば、そこには不正義があります。同じように、未来を生きる人の犠牲によって、私たちが今の社会を成り立たせているのだとすれば、それは正義に反していると思います。今を生きている私たちには、未来を生きる人への想像力と責任が求められるのではないでしょうか。

第12章の最後では、「みんなの発達」という言葉を意識的に使いました。今を生きている人だけでなく、未来を生きる人のことを視野に入れて発達保障を考えたい。そういう思いを、「みんな」という言葉に込めています。

もっとも、それだけなら、「人間の発達」といった表現でもよいのかもしれません。そう書かずに「みんなの発達」と書いたのには、もう一つの理由があります。それは、人間以外の生き物も視野に入れて発達保障を考えたい、ということです。人間が他の生き物にむやみに苦痛や死をもたらすことに、僕は疑問を感じています。

ただ、僕は、動物愛護の精神にあふれた人間ではありません。人間の生活が危機に追いやられているなか、犬や猫のことで騒ぐテレビ番組などがあると、むしろ嫌悪感を覚えます。また、僕は、菜食主義者でもありません。環境への影響を考え、肉を食べる量を抑えるように心がけてはいますが、肉料理を絶滅させるべきだとは思いません。

一方で、やみくもに人間を最優先する立場から他の生き物のことを考えているわけでもありません。「生態系が破壊されていくと、結局は人間の生活も脅かされる」ということについて、その通りだとは思いますが、「だから生態系を守ろう」という主張には抵抗があります。

人間以外の生き物も、なるべく心地よく生きられたほうがよい。できる限り命を全うできたほうがよい。ただ素朴にそう思うのです。

おわりに

この本は『みんなのねがい』での連載をもとにしたものです。原稿の大部分は２０１５年に書きました。

この年、全障研の常任全国委員会は二つの声明を出しています。一つは5月10日の「『戦争立法』は違憲です！　障害者は平和でないと生きられません」であり、もう一つは10月21日の「平和憲法を守り、発達保障の道を力強く進もう」です。いずれも、日本を戦争に向かわせる戦争法（安全保障関連法）を強く批判しています。前者は戦争法案が閣議決定されようとするなかで出され、後者は戦争法案が参議院で（合法的な手続きをふまずに）「可決」されたことを受けて出されました。

戦争法案については、衆議院の憲法審査会において、３人の憲法学者がそろって「違憲」であるとの見解を示しました。内閣法制局の元長官や最高裁判所の元長官からも、戦争法案を「違憲」とする判断が表明されました。また、多くの憲法学者が戦争法案を「違憲」とみていることも明らかにされました。そうした状況のなか、戦争法案に反対する運動が各分野・各地域で急速な広がりをみせることになります。

たとえば、大学関係者の動きをみても、「安全保障関連法案に反対する学者の会」が6月にアピールを発表したのを一つの契機として、各大学において取り組みが起こされていきました。100を超える大学で、戦争法案に反対する有志の会がつくられ、声明を発表するなどの行動がなされました。このようなことは、日本の大学の歴史に例をみないものではないかと思います。

＊

戦争法に反対する運動の広がりは、大事なことだったと思います。ただ、デモに参加するなどしながらも、僕は胸に引っかかるものを感じていました。理由はいろいろあるのですが、「ほかにも重大な問題がたくさんある」という思いが強くありました。戦争法だけが憲法違反なのでもない。戦争法だけが日本社会の問題なのでもない。戦争だけが障害を負わせたり人を殺したりするのでもない。そんなことを考えていました。

障害者自立支援法違憲訴訟が2000年代末に取り組まれたとき、世間はどれだけの反応を示しただろうか。生活保護基準の引き下げという憲法違反の人権侵害に対して、僕は何ができているだろうか。介護に絡む殺人や心中も後を絶たない。自殺する人が年に数万人もいる。車社会のもとで「交通戦争」に命を奪われた人もいる。怪しい食べ物の横行は人の命をじわじわと削っていく。環太平洋連携協定（ＴＰＰ）や消費税も、目には見えにくいかもしれないけれど、人の命を奪うことになる。

あれこれの大切なことが置き去りにされそうな雰囲気に対しては、違和感や危機感があります。また、たくさんの〝殺人〟に関して、ほとんど何もできていない自分について、もどかしさや後ろめたさがあります。そんな気持ちが混ざって、戦争法に反対する取り組みへの参加は、僕をもやもやした気分にさせました。

戦争放棄や戦力不保持を定めた憲法9条だけでなく、「健康で文化的な最低限度の生活を営む権利」を定めた憲法25条だって守られていないのです。餓死に追い込まれる人さえ少なくありません。稲葉剛さんは、厚生労働省の人口動態調査をもとに、「食糧の不足」を死因とする死者数が1995年に急増したこと、それ以降の17年間をみると年に約66人が「食糧の不足」により亡くなっていることを指摘しています（『生活保護から考える』岩波書店、2013年）。しかも、稲葉さんが述べるように、人口動態調査で把握される餓死者数はあくまで氷山の一角です。

労働をめぐる問題についても、厚生労働省が発表している「過労死等の労災補償状況」をみると、「脳・心臓疾患」に関する近年の労災請求件数は年に800件前後となっています。また、「精神障害」に関する労災請求件数は急速に増加しており、2014年度には1456件となっています。そして、それらの件数のなかには、「死亡」「自殺」に関するものが少なからず含まれています。日本社会では、今も、労働が人を死に至らせているのです。

地球温暖化も、人の命に関わる問題です。気候変動が進行すれば、熱中症、感染症、気象災害、水不足、食料不足などの脅威が増大するといわれます。気候変動に関係する死者は、今後、世界中で年に何十万人とも何百万人とも推計されています。この問題に関して、日本社会は被害者である以上に加害者であるのではないでしょうか。

暗い調子の話は、一冊の本の締めくくりにふさわしくないかもしれません。それでも、厳しい現実について、自分自身がもっと知らなければいけないと思うし、みんなで考えあう必要があると思います。

ジャーナリストの斎藤貴男さんは、『みんなのねがい』２０１５年３月号で、日本の政治情勢に触れながら、「安易な楽観論には立ちたくありません」と述べていました。斎藤さんは、「絶望と正対し、これを突き抜けんとする営みによってしか展望など開けやしない」と言うのです。「展望を見い出す」のは「実に難しい」、「ほとんど絶望的な気分を禁じ得ない」という斎藤さんの言葉に、僕はとても共感しました。そして、皮肉なようですが、励まされました。

絶望的にも思えるような今の状況を直視すること。そこから何かが始まるかもしれません。そんな〝希望〟を共有していただけると幸いです。

＊

最後になりましたが、全障研全国事務局の黒川真友さんに御礼を申し上げます。『みんなのねがい』での連載のときから、お世話になりました。

連載にご協力くださったみなさん、連載に感想を寄せてくださったみなさん、ありがとうございました。

２０１６年３月　**丸山啓史**

丸山啓史　まるやま　けいし

1980年、大阪府生まれ。
2007年、東京大学大学院教育学研究科博士課程修了。
現在、京都教育大学准教授。
全国障害者問題研究会常任全国委員、京都支部長。
専門は、障害者教育学。

著書に、
『発達保障ってなに？』（共著、全障研出版部）、
『現代日本の学童保育』（共著、旬報社）、
『障害のある子どもの放課後活動ハンドブック』（共著、かもがわ出版）、
『イギリスにおける知的障害者継続教育の成立と展開』（クリエイツかもがわ）など。

本書をお買い上げくださった方で、視覚障害により活字を読むことが困難な方には、テキストデータを準備しています。ご希望の方は、下記の「全国障害者問題研究会出版部」までお問い合わせください。

私たちと発達保障―実践、生活、学びのために

2016年5月1日　初版第1刷発行
2020年1月1日　第3刷発行

著　者　丸山啓史

発行所　全国障害者問題研究会出版部
〒169-0051　東京都新宿区西早稲田2-15-10
西早稲田関口ビル4F
TEL.03-5285-2601　FAX.03-5285-2603
郵便振替　00100-2-136906
http://www.nginet.or.jp

印刷所　株式会社光陽メディア

ISBN 978-4-88134-465-1